Landkreise und kreisfreie Städte in Hessen

AF271875

Regierungsbezirk Kassel

Waldeck-Franken-berg

Werra-Meißner-Kreis

Schwalm-Eder-Kreis

Hersfeld-Rotenburg

Marburg-Biedenkopf

Regierungsbezirk Gießen

Lahn-Dill-Kreis

Gießen

Vogelsberg-kreis

Fulda

Limburg-Weilburg

Wetteraukreis

Regierungsbezirk Darmstadt

Main-Kinzig-Kreis

Rheingau-Taunus-Kr

Groß-Gerau

Offenbach

Darm-stadt-

Dieburg

Oden-wald-kr

Bergstraße

A Hochtaunuskreis
B Main-Taunus-Kreis

Kreisfreie Städte

1 Darmstadt
2 Frankfurt am Main
3 Kassel
4 Offenbach am Main
5 Wiesbaden

Zu diesem Buch

Der Autor ist Hesse. Oft und lange treibt es ihn in die Ferne. Nun hat er sich aufgemacht, sein Heimatland Hessen mit dem Rad zu erkunden. Von seiner Geburtsstadt Schlitz fuhr er im Uhrzeigersinn rund um Hessen. In diesem Buch berichtet er von Land und Leuten – und seinen Reiseerlebnissen: Heimatkunde einmal anders.

Der Autor

Guido Block-Künzler wurde 1958 im osthessischen Schlitz geboren. Bereits Anfang der 1980er entdeckte er sein Lebensthema: der Kampf gegen die Zerstörung von Landschaften durch naiven Wachstumsglauben und Profitgier. Als Ökologiereferent des AStA der JLU Gießen hat er den Widerstand gegen die ,Startbahn 18 West' mitorganisiert. Nach dem Studium arbeitete er als Rechtsanwalt und Geschäftsführer des Wissenschaftsladens in Gießen. Dort standen neben Umweltberatung und bürgernahem Wissenstransfer auch Themen der Regionalentwicklung auf der Agenda. Als der Wissenschaftsladen an ausbleibenden Fördermitteln verschied, gründete der Umweltjurist, Umweltaktivist und Umweltpublizist 2004 zusammen mit ehemaligen Kollegen den Verein für nachhaltige Flächennutzung und Umweltkommunikation. Der Verein betreibt die Website **www.landusewatch.info**. Seit 2006 ist der Autor mit seinem Biwaksack in den Bundesländern, am Mittelmeer und auf den Kanaren per Rad und zu Fuß unterwegs. Seine Reiseberichte veröffentlicht er bei BoD unter *edition block-kuenzler*. (**www.outdoor-reiseberichte.info**)

Guido Block-Künzler
Einmal Schlitz und zurück
Mit dem Rad rund um Hessen

edition block-kuenzler

Meinen Eltern und den Lüneburger Trachtenfestjunkies gewidmet.

CIP-Kurztitel: Block-Künzler, Guido: Einmal Schlitz und zurück – mit dem Rad rund um Hessen, 1. Auflage, BoD, 2011.
ISBN 9783842362239

Impressum
Herstellung und Verlag: Books on Demand GmbH, Norderstedt
© Guido Block-Künzler. Alle Rechte vorbehalten
Umschlagphoto, Bilder und Gestaltung: Guido Block-Künzler

Inhalt

Fuldatal
Von Waldhessen zur Stadt, deren Name auf keine Fahrkarte passte

Einen Tag nach seinem Fünfundsiebzigsten setzt mich Vater aus. In Friedlos. Am Fuldaradweg. Für die Babyklappe bin ich schon zu alt. Scherz beiseite: Er war nicht davon abzubringen, mich bis Hersfeld zu chauffieren. Hätte er einen roten Teppich dabeigehabt, wäre der ausgeklappt worden. Später bin ich ganz froh über die Hartnäckigkeit meines Erzeugers. Mein Freund Peter erwartet mich in Lüneburg. Er wird 25 Jahre jünger – als mein Vater. Bei vernünftiger Betrachtung ist die Strecke nur mit einer Rennmaschine zu schaffen. Ich setze mich auf das klapprige Miniaturrad mit den breiten Reifen, winke einen letzten Gruß und fahre der untergehenden Sonne entgegen. Quatsch. Was ich da vor mir habe, ist der Fuldaradweg und nicht der wilde Westen. Er soll mich über die Fuldaauen bis nach Hann.Münden bringen. Wird er auch. Und dann soll es übers Gebirge zum Leineradweg gehen. Auch das werde ich schaffen, ehe ich in Hannover einsehen muss, daß nicht zu schaffen ist, was ich schaffen wollte.

Auf dem Rückweg werde ich merken, wie sich der Rest der Strecke – immerhin schlappe hundertsechzig Kilometer netto - zieht. Erst nach einer Woche bin ich wieder in Hessen. Und dann geht es endlich los. Einmal drumherum um meine Heimat.

Doch zunächst folge ich dem Fuldaradweg bis sich die Fulda mit der Werra zur Weser vereinigt. Der zweihundert Kilometer lange Radweg beginnt auf der Wasserkuppe, wo ich mich in zwei Wochen erwarte. Zunächst geht es durch die Wiesen des breiten Tals. 2007 fand hier das Internationale Natur-Kunst-Forum statt. Hinter Ahlheim gibt es statt Kunst und Tagebau. An den Hängen des Fuldatals wurde Grauwacke abgebaut – graue bis grüngraue Sandsteine aus dem Erdaltertum, jener Zeit, als sich das Leben aus den Ozeanen noch nicht herausgewagt hatte. Heute dient das gepresste Sediment als Pflaster.

Wenig später taucht Rotenburg an der Fulda vor mir auf. Mein Blick schweift über die Hügel, doch die Jägerkaserne finde ich nicht. Es ist auch schon ein paar Jahre her, seit ich hier durchs Gras gerobbt bin.

Von der hübschen Fachwerkstadt habe ich damals wenig gesehen. Gab es Ausgang, machten wir die einzige Disco unsicher. Ohnehin waren wir meist viel zu kaputt, um weiter als zum Zapfhahn der Kantine zu kommen. Der Jäger ist den ganzen Tag am Laufen. Allzu oft schleppt er dabei einiges an Gepäck mit sich herum. Insofern hat sich in meinem Leben wenig geändert (siehe *Zu Fuß rund um Ibiza, Lanzarote, Furteventura* …). Heute schiebe ich mein Rad an der schönen mittelalterlichen Fachwerkzeile entlang zur Fuldabrücke. Ruhig fließt der Fluss unter mir seiner Auflösung entgegen. Bis Melsungen nutzt der R1 auf längeren Strecken kleinere Ortsverbindungsstraßen. Der Luftkurort ist im Kern ebenfalls eine mittelalterliche Kleinstadt. Am Fuldaradweg sind Bausünden selten. Nur Bebra und Kassel standen im Visier der Bomberverbände, mussten wieder aufgebaut werden – und wurden danach nicht hübscher. Bis zur Metropole Nordhessens sind es noch etwas mehr als zwanzig Kilometer. Daher halte ich mich nicht lange auf. Ohnehin führt mein Rückweg mich wieder hier hin. Ich muß Kilometer fressen, will ich Peters Geburtstagsfete nicht verpassen. Am Auedamm erreiche ich Kassel, das sich rühmt, die erste Fußgängerzone der neuen Republik gehabt zu haben. Die ist gegen acht dünn besiedelt. Zuvor, am Ufer der Fulle, wie man hier die Fulda nennt, erwachte gerade der Kasseler *Zissel*. Das Volksfest wird seit 1926 am ersten Augustwochenende gefeiert. Im arbeitete mich durch die *Zisselmeile*. Die Idee zu dem Fest entstand angeblich bei einem Heringsessen am Stammtisch im Vereinsheim eines Schützenhauses nahe der alten Stadtschleuse. Wir werden davon ausgehen dürfen, daß am Stammtisch nicht nur Hering gegessen wurde. Die Herren übergaben der Fulda feierlich eine Zigarrenkiste, in die sie ein Heringsskelett gelegt hatten. Dies angeblich mit den Worten: *„Schwimm in die Welt und verkünde allen in 365 Tagen ist in Kassel Zissel".* Folgerichtig wurde der Zisselhering zum Wahrzeichen des Festes. So wurde aus einer bierseligen Laune heraus das größte Volksfest in Nordhessen geboren. Ich bin einen Tag zu früh dran, um es in seiner vollen Pracht zu erleben. Schade. Aber ich stehe ohnehin unter Zeitdruck.

Nach einem kurzen Ausflug in die Fußgängerzone kehre ich zurück auf den Fuldaradweg. Es wird schon langsam Dunkel und ich gebe es auf, bis Fuldabrück zu fahren. Ich schlage mein Nachtlager auf Bank gegenüber Spiekershausen auf. Auf dem Fluss summt sich ein Schlauchboot

die Fulda hoch. Danach ist es still. Träge fließt der Fluss an mir vorbei. Dieses Programm und meine Erschöpfung führen dazu, dass ich mich bald im Biwaksack und kurz darauf in Träumen wiederfinde.

Am nächsten Morgen ist auf dem Radweg schon einiges los. Jogger schnaufen an mir vorbei, Hundebesitzer haben Mühe, ihre Vierbeiner von der Salami fernzuhalten, die in meinem Rucksack schlummert. In Sichtweite füttert ein Angler die Fische. Ich muß Kilometer machen und breche daher zügig auf. Im Hotel *Roter Kater* sind die Gäste schon beim Frühstück. Später nehme die Parade der Angler ab. Die Fahrt bis zur Dreiflüssestadt Hann.Münden (die wirklich so geschrieben wird) verläuft ereignislos. Den Radweg habe ich ganz für mich. Ich passiere eine Staustufe. Das mächtige Bauwerk würde man eher an der Donau vermuten. Hier vergewaltigt es den schmächtigen Fluss.
In der Grenzstadt bin ich, ehe ich es bemerke. Früher nannte man sie Hannoversch Münden. Da das nicht auf die Briefmarke passte, änderte man kurzerhand die Hauptsatzung. Seitdem muss auch der Rest der Welt mit der irritierenden Abkürzung leben. Die Mündener hingegen leben gerne mit dem unbelegten Humboldt-Zitat, die Stadt sei *„eine der sieben schönstgelegenen Städte der Welt"* – an der Nahtstelle von Reinhardswald, Bramwald und Kaufunger Wald. Weniger bekannt ist, dass Preußens bekanntester Wundarzt hier seine letzte Ruhestätte fand. Der wandernde Wunderheiler starb hier am 11. November 1727. Sein großer Aufstieg begann, nachdem er vom Preußenkönig Friedrich Wilhelm I. das königliche Privileg erhalten hatte, in Preußen zu praktizieren. Mit seinem Gefolge, zu dem auch Gaukler gehörten, zog er von Stadt zu Stadt, um auf den Märkten die Kranken und Siechen zu behandeln. PR war sein Markenkern. Durch seine Truppe lies er sich in ziemlich marktschreierischer Weise anpreisen. Damit handelte er sich ein Spottlied ein, das ihn – wohl zu Unrecht - als Kurpfuscher darstellt. Und das geht so:

„Ich bin der Doktor Eisenbart, wide wide witt bum bum. / Kurier' die Leut' auf meine Art, wide wide witt bum bum. / Kann machen, dass die Blinden geh'n, wide wide witt juchheirassa, / und dass die Lahmen wieder seh'n, wide wide witt bum bum.

Zu Potsdam operierte ich, wide wide witt bum bum. / Den Koch des großen Friede-rich, wide wide witt bum bum. / Ich schlug ihn mit dem Beil vor'n Kopf, wide wide witt juchheirassa, / gestorben ist der arme Tropf, wide wide witt bum bum.

Des Küsters Sohn in Dideldum, wide wide witt bum bum. / Dem gab ich zehn Pfund Opium, wide wide witt bum bum. ./ Drauf schlief er Jahre, Tag und Nacht, wide wide witt juchheirassa, / und ist bis heut' nicht aufgewacht, wide wide witt bum bum. / Es hatt' ein Mann in Langensalz', wide wide witt bum bum. / 'nen zentnerschweren Kropf am Hals, wide wide witt bum bum. / Den schnür' ich mit dem Waschseil zu: wide wide witt juchheirassa, / Probatum est, nun hat er Ruh, wide wide witt bum bum.

Zu Wien kurier' ich einen Mann, wide wide witt bum bum. / Der hatte einen hohlen Zahn, wide wide witt bum bum. / Ich schoss ihn aus mit der Pistol', wide wide witt juchheirassa, / ach Gott, wie war dem Mann so wohl, wide wide witt bum bum!

Das ist die Art, wie ich kurier', , wide wide witt bum bum. / Sie ist erprobt, ich bürg' dafür, wide wide witt bum bum! / Dass jedes Mittel Wirkung tut, wide wide witt juchheirassa, / schwör' ich bei meinem Doktorhut, wide wide witt bum bum!"

Die Stadt hat ihm vor seinem Sterbehaus ein Denkmal gesetzt. Sein Grab befindet sich in der Hann. Mündener Aegidienkirche.

Über eine hässliche Betonbrücke aus den Siebzigern erreiche ich das Ostufer. Von hier bis Göttingen geht es über Berge und durch Täler. Lange Zeit führt der unbefestigte Radweg oberhalb eines Baches durch den Wald. In Göttingen treffe ich endlich auf den Leineradweg. Der ist eine Empfehlung wert, aber nicht Gegenstand dieses Reiseberichts. Nach olympiaverdächtigen hundertsechzig Kilometern ist mein Hintern so wund, daß ich kurz vor Hannover aufgeben muß. Es ist inzwischen bereits dunkel geworden. Die Bank vor mir kommt mir gerade recht. Am späten Samstagnachmittag komme ich dank Bundesbahn endlich in Lüneburg an.

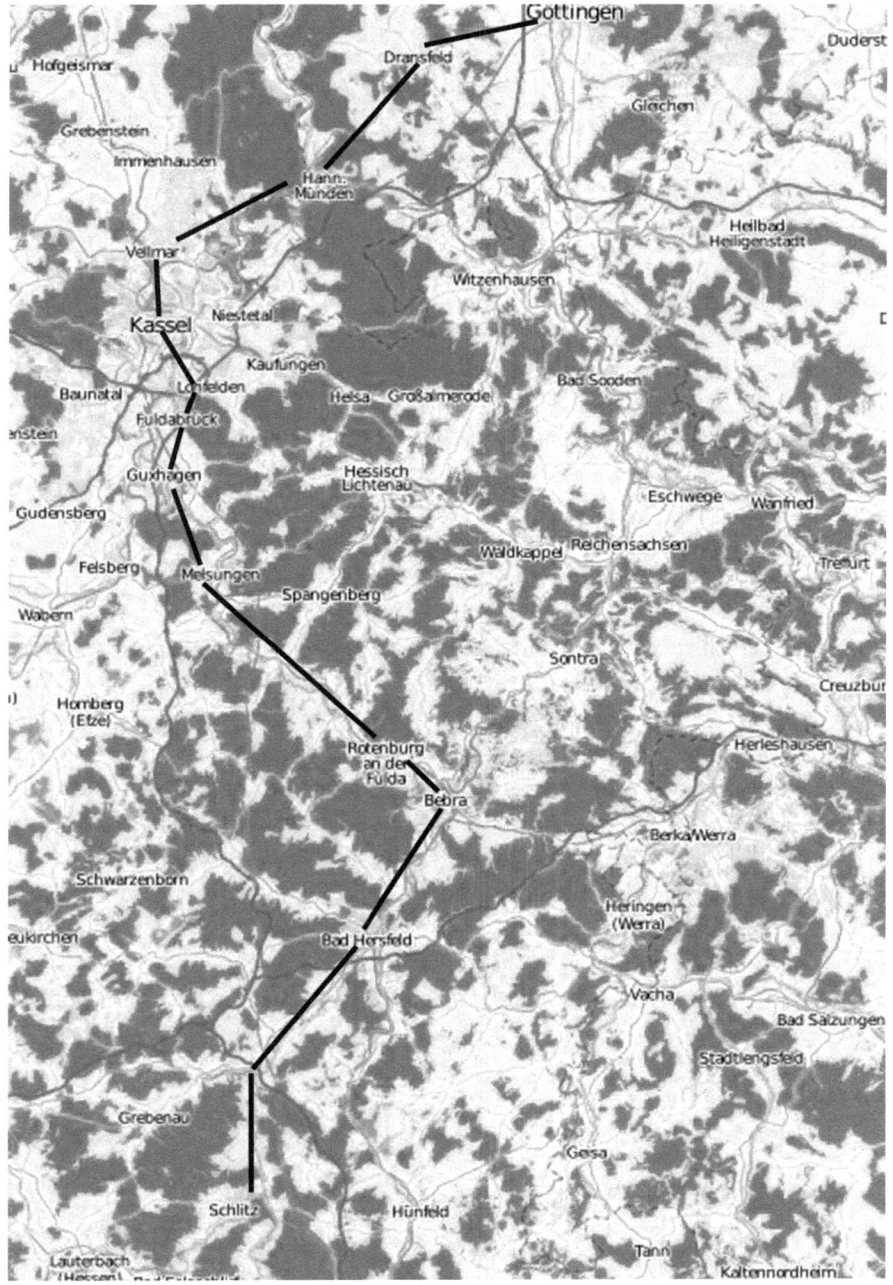

16

Werratal
Von der Fachwerkidylle zur Brücke der Deutschen Einheit

Gut eine Woche nach meiner Aussetzung in Friedlos bin ich nun im Landeanflug auf Hessen. Hinter Friedland überquere ich die Grenze. Die winzige Stadt besteht im Wesentlichen aus dem Grenzdurchgangslager So hat man es jedenfalls früher genannt. Im September 1945 haben die Briten das Gelände einer ehemaligen landwirtschaftlichen Versuchsanstalt der Universität Göttingen genutzt, um die Vertriebenen aus den ehemaligen deutschen Ostgebieten und dem Sudetenland unterzubringen. Es lag damals zwischen drei Besatzungszonen. Niedersachsen war britisch, Hessen amerikanisch und nebenan Thüringen sowjetisch. Und außerdem lag es schon damals an der wichtigen Bahnstrecke von Kassel nach Hannover. Ein Ort im Nirgendwo, aber mit viel Platz.

Eine Familie Russlanddeutscher begrüßt mich am Ortseingang. Ich winke, da mein Russisch über *"Na sdorow'je"* nicht hinausreicht. Die Großfamilie macht eine Gasse für mich frei. Wenig später fahre am Lagereingang vorbei. Ein Pförtner gewährleistet geschlossene Gesellschaft. Macht auch Sinn, Leute abzuschotten, die in die bundesdeutsche Gesellschaft integriert werden sollen. Spätaussiedler sind fast ausschließlich Nachkommen der Auswanderer aus Hessen, Rheinhessen, Pfalz, Württemberg, Baden, Elsass und Bayern. In ihrem Manifest vom 22.07.1763 rief Katharina II. die Große zur Einwanderung auf. Bereits ein Jahr später folgten die Hessen ihrem Aufruf und siedelten sich massenhaft im Wolgagebiet an. Siebzig Jahre später gründeten die Schwaben im Kaukasus. Erst hundert Jahre nach dem Aufruf endete die Immigrationswelle mit der Einwanderung von Schlesiern und Warschau-Deutschen - die sich nicht am ersten polnischen Aufstand beteiligt hatten und daher von der polnischen Bevölkerung angefeindet wurden - nach Wolhynien in der nordwestlichen Ukraine. Vor dem ersten Weltkrieg lebten zweieinhalb Millionen deutschstämmige in Russland. Die Nachfahren der deutschen Auswanderer konnten seit den 1960er Jahren auf Antrag in die Bundesrepublik einwandern. Bei deutschen

Volkszugehörigen aus den Nachfolgestaaten der Sowjetunion wurde davon ausgegangen, dass sie kollektiv wegen ihrer Volkszugehörigkeit Verfolgungen ausgesetzt gewesen seien.

Vor den Spätaussiedlern liefen die Asylantenströme durch das Lager. Auch für die Flüchtlinge und Freigekauften aus der ehemaligen DDR war Friedland das Tor zum Westen. Unmittelbar nach dem Zweiten Weltkrieg war es Auffanglager für vertriebene Deutsche aus den ehemals deutschen Ostgebieten und dem Sudetenland und als Adenauer 1955 die letzten Kriegsgefangenen *("Ihr könnt nach Hause. wenn ihr aufgebaut habt, was ihr zerstört habt.")* zurückholte landeten sie erstmal hier. Der Marsch von Bebra nach Friedland ist Legende. Danach wurde das Lager zum Nadelöhr für Flüchtlinge nach dem Ungarnaufstand 1956. Heute hat es – inzwischen umbenannt in „Niedersächsische Zentralstelle für Integration" - noch tausend Betten, in denen nach einem halbjährigen Integrationskurs vor allem Spätaussiedler liegen, die dann auf die Bundesländer verteilt werden.

Im Wappen der Gemeinde ist das Heimkehrerdenkmal verewigt. Das steht auf einem Hügel südlich von Friedland - von Autobahnlärm aus dem Tal umtost. Ein beklemmender Teerweg führt durch Gebüsch auf die Spitze des Hügels. Hat hier der Säbelzahntiger vor langer Zeit sein Gebiss vergessen? Oder dachte der Bildhauer Ernst Wachter an seine Lehrjahre in der Schweiz? Jedenfalls ist das Betonmonster so unübersehbar wie das Matterhorn – nur nicht ganz so schön. Erst im Wald hinter Hebenshausen verfolgt mich das Monster nicht mehr.

Formlos übertrete ich die Grenze und bin wieder in der Zivilisation - schließlich war Goethe ein Frankfurter Bub. In Hessen mag man es zudem gemütlich. Der Hesse babbelt. Das klingt eher weich und freundlich. Richtig glücklich wird er, wenn sein Nationalgetränk und seine Leibspeise auf dem Tisch stehen: *Äbbelwoi* und *Handkäs*. Und die hessische Version von *BAP* heißt *Rodgau Monotones ("Erbarme, die Hesse komme!")* und in den satirischen Spiegel guckt er mit *Badesalz*. Grammatikalisch richtige Vergleiche liegen ihm jedoch nicht. Der Hesse in Goethe formulierte im Faust: *„Da steh ich nun, ich armer Tor, und bin so klug, als wie zuvor."* Dafür denkt sich der Hesse schwere Dativkonstruktionen aus: *„Dem Peter seiner Mudder ihr Aamer." (Der Eimer von Peters Mutter.)*

Auch auf skurrilen Humor versteht er sich: „*Uffm Tömmsche sitzt a Wömsche / middm Schömsche uffm Ämsche / kimmd a Stömsche bloosts des Wömsche / midm Schömsche vom Tömmsche.*"

Inzwischen neigt sich die Sonne dem Horizont zu. Mein Blick schweift über die waldreichen Hügel und bleibt an dem Strohacker vor mir hängen. Unten im Tal liegt die nordhessische Metropole Witzenhausen, eine Kleinstadt mit gemütlicher Studentenatmosphäre. Die Universität Kassel unterhält in Witzenhausen einen Nebenstandort, an dem unter anderem der bundesweit einzigartige Studiengang *Ökologische Agrarwissenschaften* angeboten wird. Hier kann man Bio-Bauer lernen. Ich bereite mir ein Strohbett und schaue der Sonne beim Untergehen zu. Nur schwach wabert der Verkehrslärm der Bundesstraße im Tal zu mir hoch. Ab und zu rauscht ein Nahverkehrszug über die Bahnstrecke hinter mir. Ich werde schläfrig und bette mein müdes Haupt ins Stroh. Jede Faser meines Körpers tut weh.

Am nächsten Morgen fühle ich mich, als hätte mir jemand den Stöpsel rausgezogen. Die Sonne brennt so gnadenlos, wie ich es nur von den Kanaren kenne. Nicht eine Wolke zeigt sich am Himmel. Kein Wunder. Als ich das Radio anmache, ist es schon zehn. Das zeigt, wie kaputt ich gestern war. Unter diesen Bedingungen entwickelt sich mein Biwacksack. zur Bratröhre. Als ausgelutschter Schmorbraten fühle ich mich nicht einmal in der Lage, die Bremsen in der brennenden Sonne zu justieren. Also schiebe ich mich talwärts. Am nächsten Schattenplatz hole ich das nach. In Witzenhausen empfangen mich *ALDI* und *tegut*. Gut und weniger gut. Zwei Damen in meinem Alter wählen *tegut* – „*gute Lebensmittel in Hessen*". Die Kette aus Fulda gibt sich betont Nachhaltig. Ich lande bei dem Discounter aus Essen, weil das nachhaltig meinen Geldbeutel schont. Meine schreibende Zunft ist notorisch klamm. Das gehört zum Berufsbild.

In der Altstadt dominiert die Birkenstockfraktion. Die beginnt unmittelbar hinter der Werra-Brücke. Dazwischen haben die Planer des Wirtschaftswunderlandes eine Bundesstraße gesetzt. Sicher ist die Altstadt nur über den Fußgängertunnel erreichbar, da hier die Auffahrt auf die B 80 verläuft. Nach einem kleinen Stadtbummel nehme ich den Wartburg-Herkules-Radweg über Hundelshausen. Nach fünf Kilometern merke ich, dass mich der Weg über die Berge führt.

Dumm gelaufen. Ich fahre zurück, suche und finde den Werraradweg. Inzwischen bin ich so erschöpft, dass ich nur noch im Schneckentempo weiterkomme. Der Weg verläuft über weite Strecken zwischen Waldrand und Werra. In der Werraschleife vor Lindewerra wird er zum lehmigen Radweg. Hat was – so lange es nicht regnet. Das thüringische Dorf war bis zur Grenzöffnung isoliert. Wer es besuchen wollte, brauchte eine Sondererlaubnis. Die bekam nur, wer sich durch besondere Regimetreue hervorgetan hatte. Dabei galt der Ort lange Zeit als beliebte Sommerfrische. Göttinger Studenten sollen hier regelmäßig Zechgelage veranstaltet haben. Bekannt war der Ort auch als „Stockmacherdorf". 1836 brachte Wilhelm Ludwig Wagner das Stockmachergewerbe in den Ort. Der kam aus Eddigehausen bei Göttingen und fand in den Eichenwaldungen des Höhebergs und der Harth das erforderliche Rohmaterial unmittelbar vor der Haustür. Über dreißig Arbeitsgänge waren erforderlich, um aus einem Edelkastanien-Rohling ein Wanderrequisit zu zaubern. Er lernte die armen Dörfler an, das Gewerbe erblühte und fortan bestimmte es das Leben an der Werraschleife. Um 1900 gab es im Dorf kaum eine Familie mehr, die nicht gänzlich oder doch zeitweilig mit dem *„Stöckemachen"* beschäftigt war. Wander- und Spazierstöcke wurden in die ganze Welt exportiert. Ende der 20er-Jahre sollen es eine halbe Million gewesen sein. Konsequenterweise zieren sie auch das Wappen der Gemeinde. Im Zeitalter der schockgedämpften Trekkingstöcke aus federleichtem Aluminium sind die schweren Eichenstöcke nur noch etwas für Liebhaber. Die gibt es bis heute auf der ganzen Welt. Eine international bekannte Manufaktur sorgt in Lindewerra für Nachschub.

Das kleine Dorf ist jedoch nicht nur durch zechende Burschenschaftler und Stockmacher bekannt geworden. Die Werrabrücke, auf der ich gerade stehe, wurde zu einem der Symbole für die Geschichte von Trennung und Wiedervereinigung. Lange hatten die Dörfler von Lindewerra auf den Moment gewartet, endlich gefahrlos und schnell zu ihren Wiesen und Äckern auf der anderen Seite der Werra zu gelangen. Am 11. Juni 1901 war es dann soweit. Die amtliche „Heiligenstädter Zeitung" meldete: *„Die neue Werrabrücke ist seit einigen Tagen für Fußgänger passierbar."* Die sechsbogige Sandsteinbrücke war innerhalb eines halben Jahres gebaut worden. Nur wenige Stunden brauchten die deutschen

Landser um sie zu sprengen. Das war wenige Wochen vor Kriegsende. Bereits wenige Tage nach der Besetzung durch die Amerikaner bildeten die braven Bürger einen Ausschuss zum Wiederaufbau. Es sollte jedoch noch vierundfünfzig Jahre und hundert Tage dauern, bis man wieder trockenen Fußes vom thüringischen Eichsfeld in den nordhessischen Werra-Meißner-Kreis gelangen konnte.

Ich fahre weiter nach Bad Sooden-Allendorf. Die Doppelstadt liegt beidseits der Werra - und fast im geographischen Mittelpunkt Deutschlands. Allerdings hat Deutschland viele Mittelpunkte. Es kommt darauf an, wen man fragt („*Cui bono?*") und wie man rechnet. Eine der möglichen Methoden berechnet den Schwerpunkt eines zweidimensionalen Landkarten-Modells. Die errechneten Ergebnisse führen zu Punkten, die im westlichen Thüringen, aber auch im südöstlichen Niedersachsen oder im östlichen Hessen liegen – also zumindest nebenan, irgendwo im Städtedreieck Kassel-Erfurt-Göttingen. Offizielle und wissenschaftliche Weihen erhielt kurz nach der Wende eine Stelle bei 51°10' nördlicher Breite und 10°27' östlich Greenwich. Der Ort liegt einen halben Kilometer nördlich von Niederdorla. Das liegt im Unstrut-Hainich-Kreis. Der wiederum liegt im westlichen Thüringen – in der Nähe des Nationalparks Hainich. Eine Kaiserlinde (*Tilia pallida*) und ein Gedenkstein warten vor Ort auf Mittelpunktsüchtige. Die zweite Attraktion ist eher etwas für Freunde des gepflegten Horrors. Es handelt sich dabei um ein germanisches Opfermoor. Opferhandlungen konnten bis in die Völkerwanderungszeit nachgewiesen werden. Es sind Knochen von über dreihundert Tieren und von mindestens vierzig Menschen gefunden worden. Dabei lagen Hämmer, Äxte und Keulen. Ganz offensichtlich wurde hier kein Streichelzoo unterhalten.

In Bad Sooden-Allendorf hingegen fällt es dem Besucher schwer, sich zu gruseln. Wer hier herkommt, hat auch eher Beschaulichkeit und Erholung im Sinn. Über tausend Jahre wurde im Ortsteil Sooden Salz in Siedehäusern gewonnen. Das war aufwändig und lohnte sich nach der Aufhebung des Salzmonopols vor hundertfünfzig Jahren nicht mehr. So kamen die Bewohner auf die rettende Idee, ihr Salz auch äußerlich anzuwenden – an zahlenden Gästen. Das erste Badehaus wurde bereits im Sommer 1881 eingeweiht. Das ging fast hundert Jahre gut - bis die

Gesundheit reformiert wurde. Seitdem ist das Geschäft mit den Bade-gästen auf Krankenschein eingebrochen. Nun setzt man auch hier auf Touristen. Die dürfen sich im autofreien Kurbereich an der senkrech-ten Nordsee erfreuen. Das Gradierwerk ist das Herz der Kurstadt. Un-ablässig tropft das Salzwasser die schwindelerregende Reisigwand her-unter. Angenehm kühl ist es hier im Hochsommer. Wer die Augen schließt, wähnt sich am Meer. Und gesund ist die Luft am Gradierwerk auch noch. Dennoch breche ich nach kurzer Pause auf. Ich habe kein Wasser mehr und bislang keinen Supermarkt gesehen. Über die Werra-brücke fahre ich hinüber zum 1928 zwangsvereinigten Allendorf – einer schmucken Fachwerksiedlung am Hang, in dessen Fußgängerzone ich fündig werde. Ich bleibe am rechten Werraufer. Hinter Jestädt beginnt die Eschweger Seenlandschaft. Die Flussniederung ist weitläufig. Der Weg kreuzt den Schambach. Ihn hat jemand zu einer kleinen Wasser-tretstelle ausgebaut. Erschöpft falle ich auf die Bank davor. Aus der Ferne wabert Livemusik zu mir herüber. Es ist das *Open Flair*, wie ich am nächsten Tag feststellen werde. Im Radio erklärt eine ältere Dame in der Fußgängerzone, das Festival sei „... *nicht mehr so schmutzig wie früher.*" Eschwege scheint seinen Frieden mit der Freiluftveranstaltung gemacht zu haben, die hier seit 1985 jedes zweite Augustwochenende stattfindet. Weniger bekannt als das Festival ist, dass der Dramatiker Rolf Hochhut hier geboren wurde. Das ist schon eine längere Weile her. Die Genera-tion der meist jugendlichen Festivalbesucher wird noch nicht einmal den Namen kennen – zumal auch sein internationaler Erfolg ein halbes Jahrhundert auf dem Buckel hat. „*Der Stellvertreter*" thematisiert die Hal-tung des Vatikans zum Holocaust – in freien jambischen Versen. In-szenierungen führten zu Auseinandersetzungen und Tumulten in meh-reren europäischen Ländern. Erst nach der Veröffentlichung von Mohammed-Karrikaturen in der dänischen Tageszeitung Jyllands-Posten hat die Welt wieder ähnliches erlebt. Das „*christliche Trauerspiel*" wurde in über fünfundzwanzig Ländern aufgeführt und 2002 von dem griechisch-französischen Regisseur Constantin Costa-Gavras mit Ulrich Tukur verfilmt. Die Storyline ist schnell erzählt: Ein fiktiver Jesuitenpa-ter drängt den Papst 1943 erfolglos zu einem deutlichen Protest gegen die Vernichtung der europäischen Juden und geht mit ihnen schließlich ins Konzentrationslager. Auch später setzte sich Hochhuth mit der NS-Vergangenheit auseinander. In einer Vielzahl Offener Briefe versuchte

er seit den sechziger Jahren, Einfluss auf die Politik zu nehmen und forderte deren moralische Erneuerung. Beim Vatikan biss er auf Granit. Der weist bis heute Hochhuths Kritik zurück und betreibt unbekümmert die Seligsprechung von Pius XII. In dem im letzten Jahr erschienenen Interviewband „*Licht der Welt*" würdigte Papst Benedikt XVI. die Leistungen seines Vorgängers bei der Rettung der Juden: *"Da muss man, glaube ich, wirklich erkennen, dass er einer der großen Gerechten war, der so viele Juden gerettet hat wie kein anderer."*

Ich pelle mich aus dem Biwacksack und bin schon durchgeschwitzt, ehe meine nackten Füße das grelle Tageslicht erblicken. Nach dem Frühstück nehme ich ein ausgedehntes Bad im Bach – dessen Wirkung sich allerdings schnell verflüchtigt. Danach fahre ich hinein in die „*Siedlung bei den Eschen am Wasser - eskinivvach*". Vor der Stadt liegt der Campingplatz des Festivals – Woodstock an der Werra. Bunte Zelte stehen auf der eingezäunten Wiese. Dazwischen wuseln ihre Bewohner herum. Ein langer Pilgerstrom zieht sich in die Innenstadt. Deutlich weniger kommen mir entgegen. Sie sind vollgepackt mit allerlei anregenden Getränken. Das Festivalgelände selbst liegt am Werraufer am Rand der Altstadt. Im einzigen Supermarkt will ich meine Vorräte auffrischen, komme jedoch kaum rein. Die machen hier ihren Jahresumsatz wohl in zwei Festivaltagen. Früher lebte die Stadt von Tuch und Leder, heute von vergnügungswilligen jungen Leuten. Zwischen die Passanten mischt sich eine Schaustellertruppe auf Stelzen. Sie tragen furchterregende Fantasiekostüme und ärgern die Besucher der vielen Cafés, indem sie sich zur Belustigung der Umstehenden von hinten anpirschen und allerlei Firlefanz machen. Drinnen im Supermarkt treten sich alle gegenseitig auf die Füße. Ich raffe ein Paar Sachen aus den Regalen und stelle mich in einer der endlos langen Schlangen an – bei Lichte betrachtet besteht der ganze Supermarkt aus einer sich um die Regale windenden Menschenschlange. Bereits nach einer knappen Stunde bin ich schon wieder bei meinem Rad. Dort hocken zwei Mädels und schicken einen Miniatur-Tsunami in meine Richtung, während sie soeben erworbene Softdrinks umfüllen. Ich bringe meinen Rucksack in Sicherheit, während die Mädels sich wohlerzogen entschuldigen. Sie sind richtig nett und lassen mich für einen winzigen Augenblick mein greisenhaftes Alter vergessen. Ohnehin muß ich weiter. Ich fahre durch das

breite Tal der Werraquelle entgegen. Auf der gegenüberliegenden Seite im Osten zieht sich die Landesgrenze über den Mittelgebirgskamm. Hinter Eschwege haben sie den Weg mit Kunst aufgehübscht. Zehn Kilometer hinter Eschwege erreiche ich Wanfried zu. Der Ort ist schon lange besiedelt. Bereits Bonifazius traf hier auf Holzhütten. Der Ort war häufig Versatz- und Pfandobjekt der hessischen und thüringischen Landgrafen, deren Interessensbereiche hier aneinander stießen. Wie Eschwege liegt er schon über tausend Jahre im Grenzgebiet.

Auf der Weser-Brücke halte ich. Vor einem hübsch renovierten Fachwerkhaus liegt ein historischer Segler im alten Werrahafen vor Anker und erinnert an die Zeiten, als die Werra noch schiffbar war und reger Handel mit den Hansestätten getrieben wurde. Unter mir findet gerade eine Hochzeit vom Feinsten statt. Das Brautpaar – sie ganz im weißen Rauschekleid und er im Frack mit Zylinder – steht dekorativ vor einer Pferdekutsche und lässt sich für die Ewigkeit abbilden. Hinter der Brücke finde ich mich im historischen Ensemble zwischen dem Harm'schen Haus und der Kirche wieder. Das Fachwerkhaus wurde in der Blütezeit der Siedlung erbaut - 1673 im Barockstil vom Bremer Kaufmann Wilhelm Anton Harms. Um die historische Butze ranken sich Geschichten, die für die Geisterbahn taugen. Sie haben mit den Umständen des Ablebens ihres Erbauers zu tun. Von zwei Varianten erzählt die Gedenktafel. In der ersten Version soll er vom 16ten zum 17ten Oktober 1753 mittels Durchschneiden des Hals zu Tode gekommen sein. Im Klartext: er soll sich das Messer an den Hals gesetzt haben. Dies wäre eine Todesart, die in den Annalen der Kriminalmedizin eher exotisch wirkt. Einen schönen Leichnam gibt das nicht her. Die zweite Variante ist nicht weniger abwegig. Sie ist wohl eher dem Neid. seiner Mitbürger geschuldet. Danach soll er beim Geldzählen vom Deckel seiner Schatztruhe erschlagen worden sein. Ein angemessener Tod für einen Geldsack. Die Gruselgeschichte wurde weitergesponnen. Er schaue bei vorübergehenden Trauerzügen zum Fenster hinaus. Wer ihn erblicke, werde innerhalb Jahresfrist *„vom Tode ereilt"*. Das Haus zieren Tiere mit herausgestreckter Zunge. Sie sollten das Böse abhalten. Das hat offensichtlich mindestens einmal nicht geklappt. Auf jeden Fall endete seine eigentlich höchst erfolgreiche Lebensgeschichte tragisch. Er kam aus der wohlhabenden Hansestadt Bremen und sah seine wirtschaftliche Zukunft darin, den Hinterwäldlern hier im

Grenzgebiet Waren aus fernen Ländern zu liefern. Dinge, von denen die noch nichtmal wussten, dass sie sie bis dato vermisst hatten. Gerade eben war - aus europäischer Sicht - die Welt entdeckt worden. Gewürze wie Pfeffer, Muskatnuss und Safran aus Indien, Kaffe aus Südamerika sowie Hering und Kabeljau brachten völlig neue Geschmackserlebnisse in diese abgeschiedene Welt an der Werra. Die lag zwar mitten in Deutschland, war aber tiefste Provinz. Bisher kaute man hier auf minderwertigen Schwarzbroten, vorwiegend aber auf Getreidebrei herum. Die bestanden aus Gerste, Hafer und Roggen. Dazu gab es einheimisches Gemüse und selten Fisch oder Fleisch. Noch Mitte des letzten Jahrhunderts war das im armen Vogelsberg nicht anders. Was wir heute gar nicht mehr verstehen können: jeder hatte einen Holzlöffel, aber alle aßen aus einem Pott.

Gegenüber steht die neogotische evangelische Stadtkirche mit reicher originaler Ausmalung und Ausstattung. Über der Kirchturmspitze braut sich was zusammen. Ich bringe mich im örtlichen Discounter in Sicherheit. Später leiste ich den Einkaufswagen Gesellschaft. Nach einer halben Stunde klart es auf. Am Ortsausgang kommt mir ein Bootswanderer entgegen. Hinter der nächsten Biegung erwarte mich der Weltuntergang. Er sei bereits geduscht. An meiner Stelle würde er nicht weiterfahren. Die schwarzen Wolken, in die ich hineinfahren müsste, überzeugen mich. Tatsächlich fängt es wenig später an, zu regnen. Ich stelle mich unter die Traufe des Schützenhauses. An der Bootsanlegestelle wartet eine Mutter auf ihre Kids. Die erscheinen, ehe sie sich auflöst. Der Wind frischt auf und bläst die schwüle Luft das Tal hinunter. Es empfindlich kühl. Nach dem Schauer fahre ich weiter. Nordöstlich von Wanfried schließt sich jenseits der Landesgrenze der thüringische Naturpark Eichsfeld-Hainich-Werratal an. Die Website des Parks zitiert Theodor Storm mit den Worten: *"Ich weiß nicht, dass ich jemals von der zauberhaften Schönheit eines Erdfleckens so innerlichst berührt worden wäre."* Muschelkalkplateaus, schroffe Felswände – wie der Heldrastein - zur Werra hin, endlose Buchenwälder, die Abwesenheit von Straßen – allzu dick aufgetragen hat Storm nicht. Zu verdanken haben wir diese Idylle dem Kalten Krieg. Die Nähe zur ehemaligen "Zonengrenze" und militärische Nutzungen haben die Kultur- und Naturlandschaft vor der Landschaftszerstörung bewahrt – obwohl sie im Herzen Deutschlands liegt.

Die urwaldartigen Buchenwälder des Südostens sind seit drei Jahren sogar Nationalpark.

„Im Kleegarten" in Heldra, einem aufwändig restaurierten Gutshof aus dem 17ten Jahrhundert, sitzen Radler im Biergarten. Nicht weit davon steht das Geburtshaus des Ururgroßvaters eines Generals, der den Gang der Weltgeschichte mitprägte. Friedlich Wilhelm Ludolf Gerhard Augustin von Steuben (Baron von Steuben) gelang es im Amerikanischen Unabhängigkeitskrieg, aus einer zerstrittenen Rabaukentruppe eine schlagkräftige Armee zu formen – und die Briten aus dem Land zu werfen. Bis heute ist sein Handbuch „*Regeln für die Ordnung und Disziplin der Truppen der Vereinigten Staaten*" Pflichtlektüre in Westpoint. Auf der Fifth Avenue in New York findet im September ihm zu Ehren jährlich die Steubenparade statt. Ob der General jemals in Heldra war, weiß ich nicht. Der Atem der Weltgeschichte weht dennoch durchs Dorf – eine Hinweistafel vor dem Steuben-Haus müht sich jedenfalls redlich.

Am Ortsausgang zeigen die Dorfbewohner mit einem Schauhaus, wie Fachwerkbau funktioniert. Mein Interesse daran wird vom einsetzenden Landregen empfindlich gestört. Der fiese Nieselregen dringt durch alle Ritzen und wird erst nachts wieder aufhören. Kurz vor Treffurt raste ich unter einem Schutzdach. Ein Scherzkeks hinterließ eine halbe Zucchini, in die er ein Gesicht geschnitten hat. Eine ältere Dame schreitet energisch heran und bringt das Machwerk mit mir in Verbindung. Nein, für Zucchini habe ich bessere Verwendung. Wir kommen ins Gespräch. Mit glänzenden Augen erzählt sie mir von ihrem Traum, nach Lüneburg zu ziehen. Wird wohl nichts mehr: zu teures Pflaster. Ich erzähle ihr, daß ich geradewegs aus der Heidestadt komme, was sie mächtig beeindruckt. Immerhin: mit Treffurt hat sie es auch nicht schlecht getroffen.

Den Rest des Abends verbringe ich damit, dem Regen beim Regnen zuzuschauen. Zur Klage habe ich keine Veranlassung. Gut geht's mir noch. Das Radio meldet in Osthessen – von dem mich nur die Werra trennt - Land unter. Als der Regen gegen Mitternacht endlich aufhört, funkelt der Mond silbrig zwischen den Wolken. Die Dire Straits klampfen mich mit „*Brothers in Arms*" in den Schlaf. Das Album ist übrigens in der Karibik aufgenommen worden. Da wäre ich jetzt auch gerne. Am nächsten Tag stellt der Wetterbericht zumindest zeitweise Sonne in Aussicht. Gut gelaunt rolle ich nach Treffurt.

Der Ort ist als „Fachwerkstadt" bekannt. Hier mischen sich thüringische und hessische Kultureinflüsse. Auch das Rathaus ist ein großer Fachwerkbau. Es wurde in der Renaissance errichtet. Über der Stadt wacht die Burg Normannstein seit etwa 1200 auf einem Werrafelsen über den Ort. Wir blicken aufeinander und verzichten auf eine intimere Bekanntschaft. Ich radele weiter über Kalksteinpflaster, was nur für Masochisten ein Vergnügen ist.

Östlich der Stadt beginnt der bereits angekündigte Nationalpark Hainich. Dessen Wahrzeichen ist eine Betteleiche, obwohl er hauptsächlich mit Buchen bedeckt ist. Zu bieten hat er neben werdendem Urwald einen Baumkronenpfad. Nichts, was mich in seine Hügel lockt. Den Lebensraum vierzig Meter über dem Boden überlasse ich gerne anderen.

Leider verliere ich hinter Treffurt den Werraradweg. Ich muß mich auf der Bundesstraße über den Berg nach Schellmannshausen schieben. Hier herrscht immer noch realsozialistische Tristesse. Der „Aufbau Ost" ist an dem Dorf spurlos vorbeigegangen. Zum ersten Mal in meinem Leben mache ich Bekanntschaft mit einem „Begräbnisplatz". Gäbe es in dem Ort nicht die obligatorische „Straße der Einheit" – hat jemand mal gezählt, wie viele es davon insgesamt gibt? – ich würde mich nicht wundern, käme Honecker um die Ecke. Am Straßenrand steht ein bordeauxrotes Trabbi-Cabriolet. Der graue Putz bröckelt von den Hauswänden. Immerhin verfügt der trostlose Ort ausweislich der Gewerbetafel über zwei Reiseunternehmen, jeweils einen Fleischer, Elektroservice, Kfz-Service sowie eine Gaststätte und sogar eine Fahrschule. Letzteres wundert mich nicht. Wer hier nicht weg will, der hat das realsozialistische Nachsitzen verdient.

Später liegt Creuzburg unter mir im Werratal. Die von beängstigend vielen Holzkreuzen gesäumte Bundesstraße endet vor einem realsozialistischen Kombinat, dessen ehemalige Funktion sich mir nicht erschließt. Dahinter beginnt der Pferdsdorfer Weg. Leider endet er ebenso unvermittelt, wie er beginnt – auf dem Parkplatz eines funkelnagelneuen Werksgeländes. Schade. Wie hatte ich mich gefreut, ins Tal herunterzurollen! Stattdessen muß ich den Berg wieder hinauf. Dort erwartet mich der unheimliche Indianer *Chief Bromden* aus dem *Kuckucksnest*. Im Hintergrund werkelt eine Figur, die eher an *Catweazle* erinnert. *Chief Bromden* fragt, ob mir geholfen werden könne. Ich hoffe doch. Erstens generell und zweitens hier und heute. Dummerweise hat der Riese keine ausgeprägte Gabe, andere auf den richtigen Weg zu bringen. Also verlasse ich mich auf meinen Orientierungssinn und die Karte. Als Landmarke hat mir der Bundesverkehrswegeplan ohnehin eine Autobahnbrücke in den Horizont gesetzt. Wie auch immer ich fahre: schlussendlich muß ich unter ihr durch. Nun ist diese blöde Brücke aber ziemlich groß. Immerhin überspannt sie das weitläufige Tal. Und nicht nur ich, sondern auch die Werra muß unter der Brücke durch. Nach einigen Irrungen und Wirrungen entscheide ich mich für die Passage links der Werra. Ich lande zwangsläufig beim Wasserkraftwerk Spichra, wo *E.ON* erklärt, alle Energiequellen zu unserem Wohle zu nutzen. Alle? Hinter dem Kraftwerk treffe ich auch wieder auf den Radweg. Der ist dem Werratal nach Creuzburg gefolgt, statt sich mit dem Hochgebirge abzumühen. Die Kleinstadt ist im Übrigen deutlich hübscher als Schellmannshausen – und eine der ältesten Städte Thüringens. Hier kreuzte eine der wichtigsten mittelalterlichen Heer- und Handelsstraße die Werra.

Am Ortsende von Spichra lockt ein Rastplatz. Er liegt unmittelbar an der Werra. Die Äcker des Hügels über ihm verziert ein Neubaugebiet. Wer siedelt hier in dieser gottverlassenen Gegend, frage ich mich. Ich fahre weiter durch den Wald an der Werra entlang. Es ist still. Von der Autobahnbrücke hoch über mir dringt kein Laut. Als ihr graues Betonband schließlich durch die Wipfel bricht, hat das etwas Surreales.

Auf der anderen Seite der Autobahn, in Hörschel, beginnt der Rennsteig. Wer hier auf dem Kamm des Thüringer Mittelgebirges wandert, soll aus der Werra einen Kieselstein mitnehmen. So will es die Wandertradition. Nach hundertsiebzig Kilometern wird der dann in die Selbitz geworfen – einem Nebenfluss der Saale. Eine alternative Art des Kiesabbaus. Man kann sich ausrechnen, wann Wanderer auf diese Weise das Flüsschen stoppen. Im Mittelalter markierte der Rennsteig die Grenze des Herzogtums Franken zur Landgrafschaft Thüringen. Auch heute noch grenzt er deutlich die fränkischen Gebiete Südthüringens vom überwiegend thüringisch-obersächsisch geprägten Thüringen ab. Als Sprachgrenze trennt der Rennsteig die ostfränkischen Dialekte von den thüringischen Dialekten, die im Gebirge, auf der Nordseite und östlich des Thüringer Waldes gesprochen werden. Der Rennsteig wurde um 1890 von August Trinius für die Wanderbewegung entdeckt und vor

39

allem durch die Publikationen des 1896 gegründeten Rennsteigvereins weit über die Grenzen Thüringens und Frankens bekannt. Doch bereits 1830 unternahm der Topograph Julius von Pläckner die erste Wanderung von Blankenstein nach Hörschel. Thomas Mann schrieb 1947 in seinem Doktor Faustus: *„Zur Juni-Zeit etwa, wenn aus den Schluchten der bewaldeten Höhen, die das Thüringer Becken durchziehen, die schweren Düfte des Jasmins, des Faulbaums quollen, waren es köstliche Wandertage, hier durch das von Industrie fast freie, mild-begünstigte, fruchtbare Land mit seinen freundlichen Haufendörfern aus Fachwerkbauten; und kam man dann aus der Gegend des Ackerbaus in die der vorwiegenden Viehzucht und verfolgte den sagenumwobenen Höhenpfad des mit Fichten und Buchen bestandenen Kammgebirges, den ‚Rennsteig‘, der mit seinen Tiefblicken ins Werratal sich vom Frankenwald gegen Eisenach, die Hörselstadt, erstreckt, so wurde es immer schöner, bedeutender, romantischer.“*

Durch Hörschel führt auch der *Wanderweg der Deutschen Einheit*. Der entstand aus einer Idee des Lions-Clubs Meinerzhagen-Kierspe mit Wanderfreunden aus Sachsen, die zu einer geselligen Runde 1990 vor einer Wanderhütte nahe Meißen zusammentrafen. Der Weg führt über tausend Kilometer von Görlitz nach Aachen. Hörschel gehört noch zu Eisenach, verschwand jahrzehntelang hinter dem *Eisernen Vorhang*. Wenige Kilometer südwestlich lag auf dessen anderer Seite eine Stadt, bei deren Namen noch heute viele immer *Grenzübergang* mitdenken. Die einst monströsen Anlagen sind in der Landschaft nicht auszumachen. Lediglich die monströsen Schallschutzwände der Bahnstrecke sind von der Werra aus deutlich zu sehen. Die Raststätte Herleshausen musste vor einigen Jahren dem sechsspurigen Ausbau der A 4 weichen. Über allem wacht die Burgruine Brandenburg – auf der gegenüberliegenden Talseite.

Am Bahnhof langweilt sich eine Pfadfindergruppe. Durchgangdurchsagen sind hier häufiger als anhaltende Züge. Ohnehin darf sich der geschichtsträchtige Ort nur noch *Haltestelle* nennen. In der Innenstadt ist auch nicht mehr viel los. Neben dem Brunnen steht die örtliche Sparkasse. Als die Herleshausener 1965 beim Kläranlagenbau die Reste einer zehntausend Jahre alten Eiche fanden, wussten sie zunächst wohl wenig damit anzufangen. Später, beim Neubau ihrer Sparkasse, haben sie den Stumpf dann neben den Kassenautomaten gepinnt. Das hat nicht jeder!

Die nächste Brücke über die Werra finde ich bei Lauchröden. 1898 schloss die erste Lauchröden an den heute vereinsamten Herleshausener Bahnhof und damit an die Bahnstrecke Eisenach Frankfurt an. Auch sie wurde kurz vor dem Kriegsende gesprengt. Hier waren es jedoch nicht deutsche Landser sondern US-Soldaten. Kaum strömten 1989 die ersten DDR-Bürger gen Westen, da bauten die Lauchrödener in wenigen Tagen einen Holzsteg. Nach vierzig Jahren Sperrgebietsdasein hatten sie die Nase voll. Seitdem findet jährlich am 23. Dezember findet jährlich das Brückenfest statt. Inzwischen ist die Holzbrücke allerdings einer ordentlichen gewichen.

Kurze Zeit später erreiche ich Gerstungen. Das ist Historikern bekannt durch den *Frieden von Gerstungen.* Herzog Otto von Northeim hatte sich erfolgreich an die Spitze des Sachsenaufstandes gestellt und zwang König Heinrich IV. zur Wiedereinsetzung in das Herzogtum Bayern und der Schleifung seiner Burgen im Harz. Die hatte der salische König kurz zuvor im sächsischen Kernland errichten lassen, wo er sich zuvor umfangreiche Ländereien als Krongut unter den Nagel gerissen hatte. Zudem hatte er es sich zur Gewohnheit gemacht, mit seinem Hofstaat überproportional oft die Kaiserpfalz in Gosslar heimzusuchen. Die umliegenden Sachsen waren davon nicht begeistert, weil sie das Pack zu ernähren hatten. Ihre Laune verbesserte es nicht, dass der König für die neuen Burgen Verwalter aus dem Schwabenländle holte und vergas, diese zu bezahlen – woraufhin sich auch die Verwalter bei der umliegenden Bevölkerung bedienten. Für den Salierkönig wurde Gerstungen zum Canossa. Am 2. Februar 1074 stimmte er im Schloss Gerstungen demütig der Schleifung seiner Harzer Burgen zu.

Hinter Gerstungen wächst der Monte Kali in den Himmel. Seit über hundert Jahren prägt der Kalisalz-Bergbau das mittlere Werratal. Was die K+S KALI GmbH aus der Erde holt und nicht brauchen kann, landet hier - immerhin zweidrittel. Die Abraumhalde bei Herongen ist mit über zweihundert Metern die höchste an der Werra. Das Kalisalz selbst landet wieder unter der Erde – als Düngemittel. Pflanzen schießt es Richtung Sonne, da der Stoffwechsel gepusht wird. Das klingt zu wunderbar, um wahr zu sein. Tatsächlich ist es so. Doch die Kalisalzproduktion hat ihren Preis. Die Gewinnung verursacht massive Umweltschäden. Seit Jahrzehnten kämpfen Umweltschützer gegen die Versalzung der Werra. Der größte Salzförderer der Welt macht weit über

eine Milliarde Gewinn, sieht sich aber bis heute nicht in der Lage, das Problem zu lösen. Über siebenhunderttausend Liter Salzlauge entstehen jährlich, wenn es auf die ungeschützte Salzhalde regnet. Bislang ist ihm dazu nur eingefallen, eine Leitung zu Werra zu legen und den Rest unter Tage zu verpressen. Lösungen aus dem vorletzten Jahrhundert für die Welt von Morgen!

Ich fahre an der Werra weiter Richtung Heringen. Zur hessischen Kleinstadt – nicht zu den Fischen. Obwohl: der Fluss hat zeitweise den Salzgehalt der Ostsee. Bis die ersten Heringe kommen, kann es nicht mehr lange hin sein. Sie müssen es nur irgendwie die Weser hochschaffen. Alles eine Frage der Evolution. Seit 1903 lebt der Ort von und mit dem Kalibergbau. Seine Bewohner blicken von den Ausläufern des Thüringer Waldes auf den wuchtigen Monte Kali unten im Tal und sehen ihm beim wachsen zu. Dem Salz kann sich hier niemand entziehen. Die Vorräte reichen noch für weitere fünfzig Jahre. In der Zeit wird der weiße Berg inmitten grüner Landschaften nochmals um die Hälfte wachsen - es sei denn, wir schaffen es weltweit, auf nachhaltigen Anbau umzuschwenken. Der kommt nämlich prima ohne das zweihundertfünfzig Millionen Jahre alte Salz aus. Längst ist hinreichend dargelegt, dass auch ökologischer Landbau die Welternährung sichern kann, obwohl er in unseren Breiten weniger ertragreich ist. Dies kann er vor allem dann, wenn die Bürger der überentwickelten Länder sich abgewöhnen, ein halbes Schwein zum Frühstück zu verputzen und Nahrung für Menschen statt Futtermittel angebaut werden. Obelix ist nicht mehr trendy, seit Paul McCartney und andere Megapromis zum Fleischverzicht aufrufen. Jetzt muß die Botschaft nur noch in der Breite ankommen.

Hinter Heringen rolle ich wieder hinunter ins Werratal. Dort brummt das Kaliwerk Halter seit 1905 vor sich hin. Es hat seine eigene Halde. Dahinter liegt das osthessische Phillipstal zwischen den Ausläufern der Rhön und des Thüringer Waldes. Es ist eine der Landmarken meiner Kindheit. Oft haben wir mit der Familie Ausflüge zur Brücke hinter dem kleinen Ort gemacht. Ich kann mich erinnern, dass damals nur noch einige Pfeiler standen. Heute ist sie als *Brücke der Deutschen Einheit* wieder aufgebaut. Seit dem 30.10.1990 kann man auf ihr wieder zum thüringischen Vacha spazieren. Heute Abend tun das viele Leute. Nicht nur die Brücke hat deutsch-deutsche Geschichte geschrieben. An ihrem

östlichen Ende steht das Gebäude der ehemaligen Hoßfeldschen Hofbuchdruckerei. Hier wurde zwischen 1893 – 1941 die *Rhön-Zeitung* gedruckt. Das allerdings ist es nicht, was ihr zu trauriger Berühmtheit verhalf. Bekannt wurde das Gebäude, weil die innerdeutsche Grenze durch das Gebäude verlief. Der ostdeutsche Teil verfiel, weil er unerreichbar war. Erst 1976 wurde durch eine Grenzregelung zwischen der Bundesrepublik Deutschland und der Deutschen Demokratischen Republik das gesamte Grundstück der Bundesrepublik zugeteilt. Es hat lange gedauert, bis die gröbsten Grenzabsurditäten von Ulbrichts Mauerbau („*Keiner hat die Absicht, eine Mauer zu bauen.*") bereinigt werden konnten. Und noch länger, bis das größte Gefangenenlager der Geschichte – von Nordkorea einmal abgesehen – durch seine Insassen aufgelöst wurde. Es gab viele Revolutionsversuche auf deutschem Boden, nur diese war erfolgreich. Hut ab.

Einen der Revolutionäre treffe ich an der Bootsanlegestelle, die vor einigen Jahren am thüringischen Brückenende errichtet wurde. Ich bin gerade dabei, mich in der zugehörigen Schutzhütte gemütlich einzurichten und mein Abendessen zu kochen. Im Schutz der Dunkelheit erzählt er mir seine halbe Lebensgeschichte. Nach der Wende war ihm die beschauliche Kleinstadt Vacha zu eng geworden. Ihn drängte es hinaus in die Ferne. Gelandet ist er in Lüneburg. Offensichtlich gibt es im Werratal einige, deren Sehnsuchtsort die Heidestadt ist. In Vacha ist er wieder gestrandet, weil sich das Versprechen der Ferne nicht nachhaltig eingelöst hat. Die Firma ging in Konkurs, er fand nichts mehr und kehrte zurück. Glücklich ist er hier nicht. Das ist schade, weil Vacha wirklich hübsch ist. Es wurde von den Bombern verschont. Die im hessischen Fachwerkstil gebauten Häuser wurden größtenteils renoviert. Es ist die älteste Stadtsiedlung im Westen von Thüringen. Allein, es fehlen die Arbeitsplätze. Und man muß das Kleinstadtleben mögen, will man hier glücklich werden.

Als er gegangen ist, mache ich mich über mein Risotto her und danach eine Flasche Rotwein auf. Viel los ist hier tatsächlich nicht. Auf dem beleuchteten Parkplatz vor der Stadt treffen sich die Kids. Sie hocken sich in die Kofferräume ihrer Kleinwagen, gestikulieren und palavern laut, spielen eher lustlos mit einem Ball und verschwinden bald wieder. Nur am Ende des Universums ist vermutlich noch weniger los.

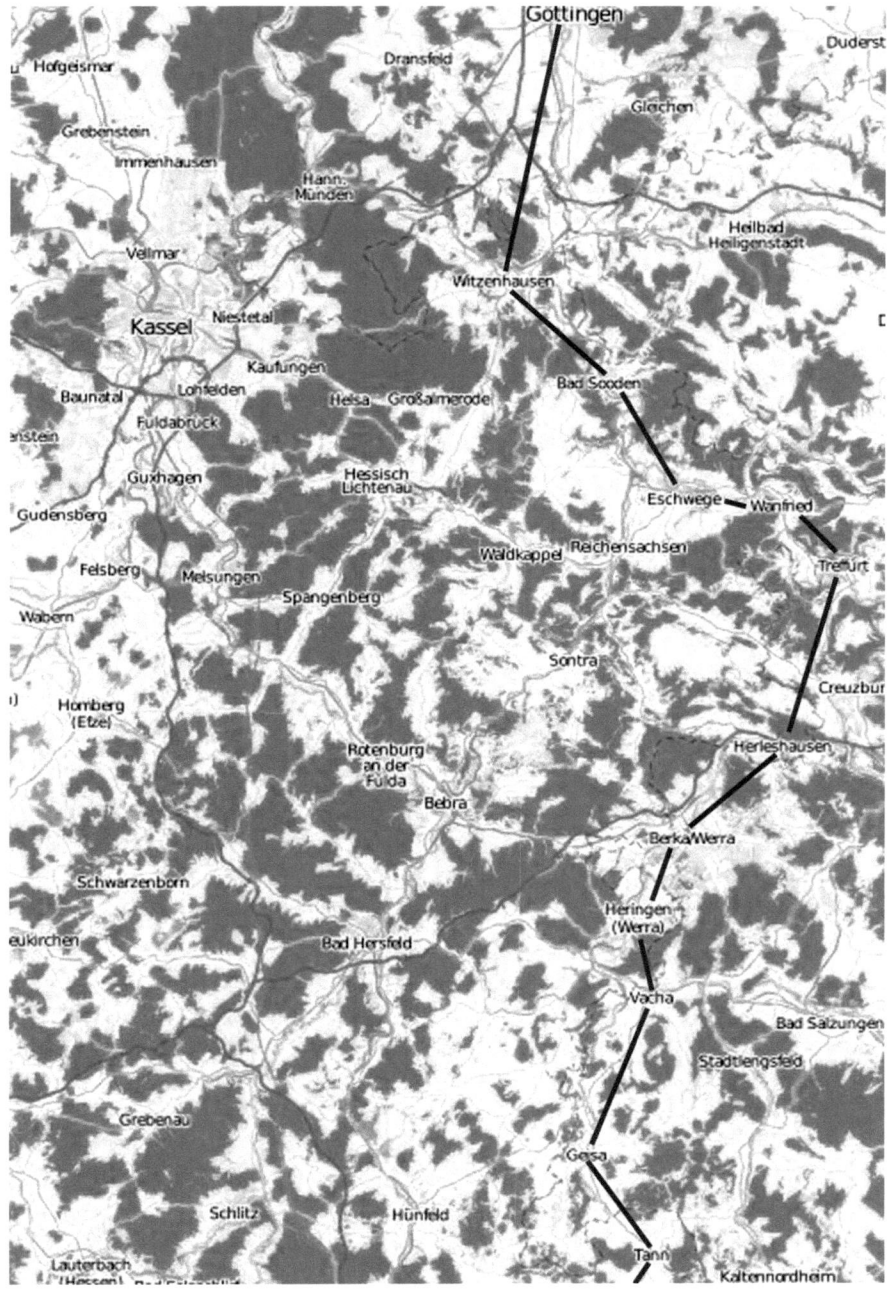

48

Ulstertal
Lange vor Ryanair kamen die irischen Mönche

Am nächsten Morgen trifft mich der Schlag. Beim zusammenpacken fällt mir auf, dass meine Regenklamotten fehlen. Mehrfach durchwühle ich meine Habseligkeiten. Nichts zu machen. Weg ist weg. Da ich mir das nicht leisten kann, drehe ich eine Ehrenrunde und fahre den gestrigen Weg bis Sallmanshausen ab. Nach sechzig Kilometern stehe ich erneut auf einer Wiese kurz vor Phillipstal. Im tiefen Gras liegen sie dort. Gestern hatte ich hier ein Photo gemacht. Offensichtlich haben meine Wolfshäute die Gelegenheit genutzt, dem Fahrtwind zu entfliehen. Ich drücke sie in den prallvollen Rucksack. Das haben sie nun davon.

Gestern in Heringen schwärmte eine Frau vom Ulsterradweg. Um in die Hochröhn zu kommen, gibt es für mich ohnehin keine sinnvolle Alternative. Der Radweg beginnt gemütlich. Die Sonne scheint, meine Ausrüstung ist wieder vollständig. Daher bin ich bester Laune. *Fidelitrallalahucheisassa.*

Der Ulsterradweg folgt der Ulster – was sollte er auch sonst tun? Für uns Radler macht er das praktischerweise im Anschluss an den hessischen Randweg mit der kryptischen Zahl sieben - und als Nebenstrecke des Werratalweges. Das an sich ist nicht bemerkenswert. Das dazugehörige Tal ist ein liebliches Mittelgebirgstal mit einem fröhlich dahinplätschernden Feuchtbiotop, das sich bester Wasserqualität erfreut, weil es hier nie Salzbergwerke und Industrie gab. Selbst der italophile Goethe war von dem Erscheinungsbild des Ulstertales so fasziniert, dass er ihm das Gedicht *"Die Nixe an der Ulster"* widmete: *"Von Buchonias Basalten, / Von dem Fuß der hohen Rhöne, / Sind wir ländliche Gestalten, / Die nach Deinem Feste wallten, / Süß gelockt durch holde Töne. / Ulster nennen mich die Auen, / Die entzückt Dir zugehören, / Gern der hocherhabnen Frauen, / Segen, den sie glücklich schauen, / Frommer Demut voll verehren. / Geisa weiht Dir edlen Roggen / Von dem alten Rockenstuhle; / Und des Flachses, weich wie Flocken, / Dermbach einen goldnen Wocken / Wohl zu mancher vollen Spule. / Schau mit Huld die kleinen Gaben, / Nur das Herz gibt ihnen Wert! / Reich begabt und hoch erhaben / Dich aufs Neue zu begaben, / Ist den Sternen nur gewährt. / Was von ihrer Gunst wir hoffen, / Werden glücklich sie verleihen; /*

Bald ist fröhlich eingetroffen, / Was mit diesen reinen Stoffen / Unsre Wünsche prophezeien. "Was auch immer der Dichterfürst dem gemeinen Volk damit sagen wollte: rüber bringt er, dass es ihm hier gefallen hat. Mir gefällt es hier auch.

Wie aber kam das Tal zu seinem Namen? Dazu gibt es zwei Versionen. Die eine ist langweilig und leitet ihn vom germanischen Sprachgebrauch ab. Kann ja sein. Viel interessanter finde ich die Alternativdeutung. Und die geht so: Ehe die Iren uns billige Flüge zu Traumstränden brachten, kamen sie mit dem Wort des einen wahren (christlichen) Gottes und brachten uns die *Schottenklöster,* die in Wirklichkeit irische waren. Das hat was mit den Römern zu tun. Die nannten die nie betretene Insel *Scotia Major.* Dieses liebliche Tal, das ich gerade durchfahre, wurde von irischen Mönchen christianisiert. Auch das ist nichts besonderes, denn die irischen Mönche waren ganz wild darauf, die Germanen zu bekehren – wo auch immer sie unsere Vorfahren mit dem *„Mir-fällt-der-Himmel-auf-den-Kopf-Komplex"* auftrieben, die mehrere Götter brauchten, um sie davor zu bewahren. Nur hier allerdings, in diesem von Goethe verewigten Tal, fühlten sie sich richtig wohl. Es erinnerte sie an ihre Heimat Ulster – an deren grüne Wiesen, fruchtbare Täler und sanft geschwungene Hügel. Was also lag näher, als dem Tal einen Namen aus der Heimat zu verpassen? Nachprüfbar ist das heute nicht mehr – aber doch eine schöne Story. Einen Schönheitsfehler hat die Geschichte allerdings: Neuankömmlinge setzten regelmässig das Zauberwort „Neu" vor importierte Namen – etwa *Nueva Scottia* für Neuschottland. Wollen wir angesichts der schönen Geschichte wirklich so kleinlich sein? Zumal die keltischen Christen sehr speziell waren – von ihnen benahmt zu werden folglich eine Ehre. Die Kelten erlagen bereits in der Antike dem Charme der neuen Religion vom Mittelmeer. Es bedurfte der Nachhilfe durch Römer – die wie gesagt nie irischen Boden betreten haben - nicht. So ganz auf sich gestellt und ohne jeglichen Druck entwickelten sie ihre eigene Interpretation vom Dies- und Jenseits. Sie mixten ein Cocktail aus altem keltischem Glauben und christlicher Religion und schüttelten das Ganze solange durch, bis die Mixtur sie glücklich machte. Das sollte ihnen später einigen Ärger mit der weitaus effizienteren und machtbewussteren römisch-lateinischen Kirche einbringen. Beispiel: Sie berechneten so wie sie – und mit ihnen die meisten Völker des Orients es schon seit Jahrhunderten taten, die Feier

50

des wichtigsten Ereignisses - die Sache mit der Auferstehung macht bis heute einen Großteil der Überzeugungskraft des neuen Glaubens aus - nach dem Mondkalender. Cäsar hatte jedoch den julianischen Kalender eingeführt. Shit Happens. So feierten die Iren zu einem anderen Termin als Rom, denn im Mondkalender hatte das Jahr fünf Tage weniger. Da hörte der Spaß auf. Man könnte darüber nach dem Motto hinweggehen: aber hallo, mehr Sorgen habt ihr nicht? Nun ja, Glaubenskämpfe sind Kämpfe. So locker-zynisch wie von den Pythons wurden sie selten genommen: *„Always Look on the Bright Side of Life."*

Zurück zu den keltischen Christianisierern. Ob das Ulstertal ihnen oder den alten Germanen den Namen verdankt, ist letztlich für uns heute egal. Nicht egal sollte uns sein, dass wir in der Mitte Europas viele kulturelle Wurzeln haben. Wir sollten uns ihrer erinnern, statt der Einflüsterung zu erliegen, wir hätten eine ausschließlich jüdisch-christliche Tradition. Das ist, mit Verlaub gesagt, und angesichts der sechs Millionen Juden, die alleine Adolf Nazi und seine Volksgenossen auf dem Gewissen haben – von den mittelalterlichen Judenverfolgungen abgesehen – blanker Zynismus. Vor allem aber leugnet dieses Gerede unsere keltischen, germanischen, arabischen und asiatischen Wurzeln. Hallo? Stand der Mongole Dshinghis Kan mit seinem Reiterheer nicht in der Mitte Europas? Haben uns die Araber nicht nur die Null, Algebra, Medizin und auch das geordnete Nachdenken über Gott und die Welt beigebracht? War die keltische Kultur nicht über halb Europa bis Asien verbreitet? Sind die Nordmänner nicht etwa in Amerika und Afrika gewesen und haben von dort kulturelle Einflüsse mitgebracht? Wir Affennachfolger haben uns vermischt, seit wir von den Bäumen gekrabbelt sind. Die Bayern nebenan würden das selbst unter strenger Folter nie zugeben. Grad die müssten allerdings kleinlaut zugeben, dass ihr urbayerisch-identitätsstiftendes *„Grüß Gott"* von eingewanderten Ausländern stammt. Es ist die Lehnübersetzung des auf der grünen Insel – gemeint ist Irland - bis heute üblichen Grußes *„Dia dhuit"* - was soviel heist wie *„Gott sei mit dir!".* Da guckst du? Ist aber wahr. Kulturen vermischen sich. Das ist überhaupt nicht zu verhindern. Selbst die Menschenaffen lernen kulturell voneinander. War schon immer so. Dass Rassen rein sein könnten, seit aufrecht gehende Wesen Ostafrika verlassen haben, ist hanebüchender Unsinn. Dümmer geht nimmer. Darauf dekliniert sich heute nur Sarrazin, der halbwegs sich dazu bekennende

Antibildungsbürger, der sich in gnadenloser Selbstherrlichkeit und der Hoffnung auf Applaus der schweigenden Mehrheit Fakten zurechtlegt, um Ressentiments zu bedienen. Ohne Ausnahme kommen wir daher. Das wir seither nicht voneinander gelernt haben, wie Überleben auf diesem schönen Planeten funktionieren kann ist grandioser Quatsch. Natürlich haben wir das. Aber wir haben auch archaisches in den Genen. Ich und meine Sippe, du und deine. Das funktioniert bis heute und hat üble Folgen. Die nächsten Jahrtausende wird sich das kaum ändern. Ich habe da wenig Hoffnung. Aber es wird sich ändern müssen. Ansonsten werden die Kakerlaken auf diesem Planeten die Führung übernehmen.

Zurück zu den irischen Mönchen. Der Glaube wurde in Klöstern praktiziert. Mit dem ganzen römisch geprägten Hierarchiedenken hatten sie nichts am Hut. Dort las man in aller Ruhe den ganzen Tag die Bibel, weshalb die Insel im ersten Jahrtausend als die der Heiligen und Gelehrten galt. Karl der Große sollte sich daran später erinnern und holte sich Mönche von dort in seinen *think tank*. Es muß zu dem Zeitpunkt gewesen sein, als alle die Bibel auch rückwärts zitieren konnten, als jemand auf die Idee kam, sich ein anderes Betätigungsfeld zu suchen. Jedenfalls schoben sie sich in ihre Sandalen und machten sich auf, das Festland zu erkunden. Sie nannten das Verlassen der Heimat asketische Übung, vielleicht war ihnen aber auch nur Langweilig. Auf jeden Fall hatten sie ein ausgeprägtes Sendungsbewusstsein. Das führte sie bis nach Italien, wo sie ein Christentum keltischer Prägung verbreiteten. Das von Chatten besiedelte Hessen erreichten sie im 7. Jahrhundert. Besonders gut gefiel es ihnen jedoch in Bayern, wo sie bis heute im Alltag ihren Fußabdruck hinterlassen haben.

Während die irischen Mönche laufen mussten, bediene ich mich einer Technik, die so alt noch gar nicht ist. Das Radeln wurde erst vor knapp hundert Jahren erfunden. Eigentlich erstaunlich, wenn man bedenkt, wie alt das Rad ist. Schon die Hethiter wussten, was sie an ihm haben. Gegen Abend wusste ich allerdings, was ich vom Absteigen habe: nämlich Ruhe und Entspannung. Hinter Pferdsdorf errichteten Menschenfreunde zwei Schutzhütten an einem Anglerteich. Ich sollte sie später am Tag noch kennenlernen. Zunächst nehme ich ein ausgiebiges Sonnenbad und schaue den künftigen Opfern beim Plantschen zu. Immer wieder springen die Fische aus dem Wasser. Es sieht aus wie reiner Übermut aus Lebensfreude. Noch ist kein Hacken in Sicht. Der Teich ist eine ölige Fläche mit immer wieder erneuerten Kreisen, in denen sich der Abend spiegelt. Tieffliegende Schwalben holen sich ihr Mückenabendbrot. Das geht in Ordnung. Die Stecher nerven mich, seit ich angekommen bin. Im Hintergrund rauscht die Ulster. Ein verliebtes Pärchen schlabbert sich im Blockhaus gegenüber ab.

Die Idylle währt nicht lange. Es zieht sich zu. Dumpfes grollen rollt über den Kamm. Es wird innerhalb von Minuten deutlich kälter. Mein Radio meldet *„Land unter"* in weiten Teilen Thüringens. Na ja, zur Not kann ich der massiven Blockhütte aufs Dach steigen, wenn die Ulster sich breit macht. Zwei Angler kommen auf mich zu. Sie wollen vor dem Gewitter *„auf Aale gehen"*. Trotz des näherkommenden Donnergrollens nehmen sie sich Zeit für ein Schwätzchen. Die Hütte haben sie gebaut, zusammen mit ihren Vereinskollegen vom hiesigen Anglerverein. Ganze Gruppen würden hier übernachten. Stolz sind sie auf die robusten Bauwerke aus dicken Baumstämmen. Jetzt allerdings stelle sich das Wasserwirtschaftsamt quer und verlange den Abriss. Ich gebe mein Unverständnis kund und bedanke mich zum Abschied für Hüttenbau und Gastfreundschaft.

Wenig später fängt es an zu regnen. Mitten im heftigen Schauer besucht mich der örtliche Förster und quatscht sich fest. Er berichtet vom Zickenkrieg zwischen dem Wasserwirtschaftsamt und dem Vorsitzenden des Anglervereins. Ersteres sei verschnupft, weil die Angler nicht gefragt haben, sondern einfach drauflosgebaut haben. Letzterem ginge die Abrissverfügung am Allerwertesten vorbei. Das wiederum reize die Leute vom Amt. Die können jetzt noch ganz anders und drücken wegen der zweiten Hütte kein Auge mehr zu. Vermutlich wird auch das den Anglervorsitzenden nicht beeindrucken. Was kommt wohl als nächstes? Abriss unter Polizeischutz - mit Wasserwerfer und allem drum und dran? Die Hütten trügen doch zum Naturerlebnis bei, da sie offen gebaut sind und sich harmonisch in die Landschaft einfügen. Der Förster widerspricht nicht. Darüber kommen wir zur Entfremdung des modernen Menschen von der Umwelt, der die Notwendigkeit von weidmännischer Hege und Pflege nicht mehr verstehe. Wir können uns darauf einigen, dass mehr Umweltbildung vonnöten ist. Dafür sei aber

kaum Geld da – und schon sind wir bei raffgierigen Bankern und dem Thema *„Geld regiert die Welt"*. Ehe wir gemeinsam die Weltrevolution planen, erinnert sich der Förster an seine Dienstpflichten, steigt in seinen Geländewagen und brummt davon.

Der nächste Tag beginnt kühl und wolkenverhangen. Immerhin sind die Wolken geizig und behalten, was sie zu meinem Missvergnügen auch verteilen könnten. In Buttlar übersehe ich den Wegweiser und fahre geradeaus. Das Drehen von Ehrenrunden wird langsam zur Gewohnheit. Irgendwo im Nirgendwo frage ich eine Bäuerin nach dem Ulsterradweg. Ich bin heute nicht der erste. Zehn Kilometer später bin ich wieder in Buttlar. Diesmal fahre ich über die Ulsterbrücke nach Geisa. Die Kleinstadt liegt im südwestlichsten Zipfel Thüringens auf einem Bergrücken. Als sie noch zum sogenannten Ostblock gehörte, war sie sogar dessen westlichster Außenposten. Das hatte Konsequenzen. Die Grenze verlief oben auf dem Kamm. Dort standen sich für Jahrzehnte die Vorposten des Warschauer Pakts und der US-Arme Auge in Auge gegenüber. Letztere nannten ihren Stützpunkt daher *Point Alpha*. Der ist heute eine Mahn-, Gedenk- und Begegnungsstätte (Motto: *„Für Europa in Frieden und Freiheit"*), in der man auf einer Reliefkarte sehen kann, wie die Militärs beider Seiten sich den Dritten Weltkrieg vorgestellt haben. Die Panzerarmeen des Ostblocks brauchten ein großes Aufmarschgebiet. Das fanden sie in dieser hügeligen Landschaft. Ihr Ziel war der Ballungsraum im Rhein-Main-Gebiet. Der Stützpunkt lag daher im Zentrum der NATO-Verteidigungslinie *Fulda Gap* (Fuldaer Lücke), in der die NATO im Ernstfall die Invasion der Truppen des Warschauer Pakts erwartete. Die *Fulda Gap* zog sich von Herleshausen über Fulda bis in die Nähe von Bad Neustadt. Der *„heißeste Punkt im Kalten Krieg"* war allerdings nur ein Beobachtungsposten. Die dort stationierten vierzig Soldaten hätten beim Vormarsch so wenige Chancen gehabt wie General Custer am Little Bighorn.

Auf dem ehemaligen Todesstreifen stehen heute vierzehn Skulpturen, geschaffen von dem in Weimar geborenen Künstler Prof. Ulrich Barnikel. In Anlehnung an den biblischen Kreuzweg erzählen seine Figuren von Unterdrückung, Willkür, Leiden, Mut, Hoffnung und Glaube an Veränderung. Barnikel ist Teil dieser Geschichte. Er ist lange vor dem Zusammenbruch der DDR geflohen und ziert seit 1987 die Reihe prominenter Schlitzer – neben Pausewang, Illies, Döring und anderen. Da

sage doch mal jemand, Provinz könne nicht Kultur. Zumal sich in meinem ehemaligen Gymnasium *Schloss Hallenburg* – heute Landesmusikschule - international bekannte Tonkünstler die Klinke in die Hand geben. Sorry – soviel Dosis Lokalpatriotismus musste jetzt grade Mal sein.

Point Alpha liegt auf über vierhundert Metern. Ich rolle die steile Landstraße nach Geisa zurück, um wieder auf den Ulsterradweg zu kommen. Der führt mich gemütlich ansteigend nach Tann. Um in die Innenstadt zu kommen, muß ich allerdings steil bergauf fahren. Tann ist in den Hang über dem Ulstertal gebaut. Seit der Reformation sitzt es mit einer handvoll Dörfer drumherum als protestantischer Stachel im fuldischen Gebiet – eine hessische Version des berühmten Gallierdorfes. Und das kam so: Eberhard von der Tann hatte Luthers Vorlesungen in Wittenberg besucht. Luther war zu dieser Zeit noch ein ebenso unbekannter wie unbedeutender Theologieprofessor. Damals lag die Massenuniversität mit Hörsälen wie Sardinenbüchsen noch in weiter Ferne. Also kam man sich näher. Es entstand ein freundschaftliches Verhältnis, das auch die wilden Tage der Reformation überstand. Und so war es nur konsequent, dass sich Eberhard der Reformationsbewegung anschloss. Sehr viel später, auf dem Augsburger Reichstag, setzte er als sächsischer Gesandter durch, dass ihm Religionsfreiheit zuerkannt wurde. Natürlich galt die nicht für die Untertanen. Auch Eberhard war egal, was das Fußvolk dachte. Vorwerfen kann man ihm dass freilich kaum. So waren eben die Zeiten. Die Demokratie war zwar schon geraume Zeit - schlappe zweitausend Jahre immerhin - erfunden. Bis die *Volksherrschaft* von den Gestaden des östlichen Mittelmeeres auch in die Tiefen der Wälder Buchonias vordrang, musste noch ein halbes Jahrtausend vergehen.

Eberhard konnte zwar seine Untertanen ignorieren, nicht aber den mächtigen Abt von Fulda. Und der war *„not amused"*. Im Gegensatz zur britischen Königin heutzutage hatte er die Möglichkeit, sehr deutlich zu zeigen, dass ihm etwas nicht in den Kram passte. Flugs trommelte Eberhard seine Untertanen zusammen und lies sie zum Dank, dass sie seinem spirituellen Weg folgen mussten, eine Mauer um Tann bauen. Von der ist heute nur das trutzige Südtor übrig. Es wird liebevoll von den Bürgern der Stadt gehegt und gepflegt. Die *von der Tann* konnten künftig hinter ihren Stadtmauern schalten und walten, wie sie wollten.

Sie unterstanden direkt dem Reich. Und das war fern. Erst Napoleon machte Schluss mit Lustig. Er gliederte das Tanner Ländchen an Würzburg an – der mit Fulda rivalisierenden Hegemonialmacht in der Rhön. Als er nichts mehr zu sagen hatte und die alten Mächte Europa unter sich aufteilten, ging das Gebiet an das Königreich Bayern. Das war so schlimm nicht. Wie die erste Garde der Manager heutzutage kannte man sich auch damals in gewissen höheren Kreisen recht gut: Heinrich von der Tann war seit gemeinsamen Göttinger Studententagen ein enger Freund des Bayernkönigs. Die Verbindung beider Häuser war so eng, daß sein Sohn unter dessen Sohn - dem exzentrischen Staatsbankrotteur Ludwig II. (versuchter, um genau zu sein) – Stabschef wurde. Nachdem er sich erfolglos mit den Preußen schlagen musste – was Bismarck ziemlich verärgert hat – kämpfte er im „großen vaterländischen Krieg" von 1870/71 an deren Seite gegen Frankreich. Der Ausgang ist bekannt. Erst der *Élysée-Vertrag* vom 22. Januar 1963 beendete die Erzfeindschaft formell. Weitere Jahrzehnte mussten ins Land gehen, bis die Ressentiments halbwegs abgebaut waren. Heute bewacht der Franzosenfresser den kleinen Marktplatz, statt sich in der Feldherrenhalle der Bayern zu langweilen – wie ursprünglich vorgesehen. Um allen Missverständnissen über seine Wehrbereitschaft vorzubeugen, hat er die Hand am Degen.

Ich verlasse den General und rolle talabwärts zurück zum Ulsterradweg. Der vermeintliche Weg endet für mich am Sportplatz. Sackgasse. Über eine Furt schiebe ich mich zum Waldrand gegenüber. Wie vermutet liegt der Gesuchte dort und aalt sich im Schatten. Gegenüber von Wendershausen treffe ich auf eine kleine Schutzhütte, die wie ein Wartehäuschen gebaut ist. Innen sieht es aus wie Neapel nach dem Streik der Müllabfuhr. Fliegen umkreisen die überquellenden Mülleimer. Aber ein versifftes zu Hause ist besser als kein Dach über dem Kopf. Nach dem schweren Gewitter gestern bin ich lieber auf der sicheren Seite. Ein riesiger Fleischberg beobachtet mich. Sein Kalb bringt sich dahinter in Sicherheit. Man kann ja nie wissen, was Zweibeiner im Schilde führen. Kalbshaxen sind weiter südlich begehrt. Das mag sich herumgesprochen haben. Neben der Weide liegt der Bolzplatz des örtlichen Fußballvereins. Ein Sportwagen aus dem Bayerischen rast auf mich zu, lässt Gummi auf dem Asphalt und gibt den weltmeisterlichen Rückwärtsfahrer. Dabei sind weit und breit keine Bräute in Sicht. Wer

Hilders [Rhön]

Benzin im Blut hat, der kann wohl nicht anders. Er stellt sich vor das Vereinsheim, steigt aus und tritt seine Zigarette platt. Django ist da, omnipräsent sein Ego. Der Gegner kann kommen. Nach und nach treffen seine Mitspieler ein, viele davon zu Fuß. Keine Chance haben sie, diese Weicheier. Was dann folgt, ist ein Trauerspiel. Eine Stunde lang treten sie lustlos auf den unschuldigen kleinen Ball ein. Auch Django ist plötzlich ganz handzahm. Ohne sein Gefährt hat er offensichtlich keine Eier. Dann ist die Show unvermittelt zu Ende. In die Bundesliga kommt man so selten. Mehr aufregende Erlebnisse bietet der Abend nicht mehr. Dabei versprach der Vorspann großes Kino. Enttäuscht verkrieche ich mich in meinen Biwaksack. Mutterkuh und Tochter träumen bereits seit geraumer Zeit von einer besseren Welt — in der es nur Vegetarier gibt.

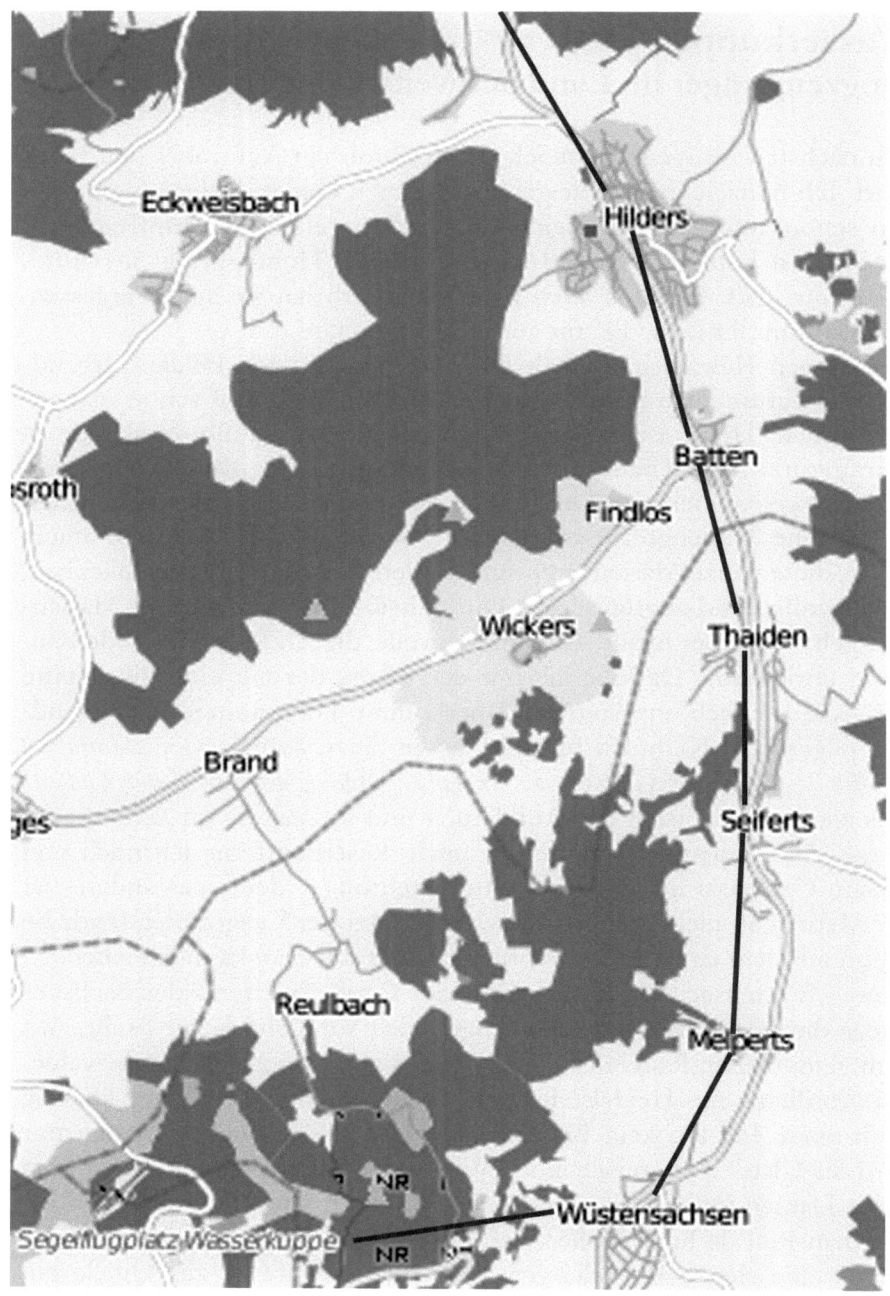

Wasserkuppe
Flugzeugträger im Land der weiten Fernen

Am nächsten Morgen wache ich auf, weil mir ein Auto über den Kopf fährt. Ich blinzele in den bleigrauen Himmel. Leider sind auch die Fliegen schon aufgestanden. Keine Chance für weitere Augenpflege. Der Weckdienst kommt, während ich Frühstücke. Hund springt ins Auto, Frau fährt fort. Grußlos. Den Frühstückskorb hat sie auch vergessen. So bekommt ihr keine PR für euer Kaff. So nicht!

Mit einigen Keksen im Bauch fahre ich weiter nach Hilders. Irgendwann – warum auch immer – bin ich hier am Bahnhof schon mal angekommen. Heute ist die Strecke stillgelegt, das Bahnhofsgebäude in Privatbesitz. Eine Tirade über den Niedergang des öffentlichen Nahverkehrs erspare ich mir. Denken Sie sich ihren Teil. Hinter Battenstein wartet eine Mariengrotte auf Pilger – bestimmt aber nicht auf mich. Sorry, diese ganze Marienverehrung fördert bei mir in ihrer Süßlichkeit, Verlogenheit und abgrundtiefen Dummheit nur Brechreiz. Der Marienkult geht weit über meine Toleranzschwelle, die ich für mir fremde Kulturen übrig habe. Da lobe ich mir den Islam, der nur eine Pilgerstätte hat – die ziemlich unprätentiös daherkommt. Hier, mitten im Nirgendwo, pilgern die Katholen hin und lassen Sätze zurück wie: *„Maria hat geholfen.", „Der lieben Gottesmutter sei dank." „Dank der LB Mutter Gottes."* Das alles passiert nach der Aufklärung und in Zeiten von *facebook* und *Google*. Als Agnostiker schüttelt es mich. Rasch entferne ich mich von diesem Ort quasi heidnischer Götterverehrung – denn was anderes ist der Marienkult nicht: eine verschwiemelte Art der Vielgötterei. Ich habe schon mit dem einen meine Probleme. Aber mit dem kann ich leben.

Hinter Wüstensachsen, wohin Karl der Große während der Sachsenkriege die Aufmüpfigen zwangsumgesiedelt hat, geht es zur Sache. Mit dem gemütlichen Radeln ist es vorbei. Bis zur Ulsterquelle am bewaldeten Nordhang des Heidelsteins geht es auf einem Schotterweg knackig nach oben. Ich bin kein Bergspezialist und schiebe lieber. Neben mir wird die Ulster zum rauschenden Wildbach. Auf einer Bank sitzen zwei ältere Damen und ruhen sich aus. Sie kommen von der Quelle. Ob ich mit dem Rad da hoch wolle? Habe ich vor. Sie raten mir dringend ab. Es sei eine elende Kraxelei gewesen. Der Weg werde zur Quelle hin

immer enger. Er führe über Stock und Stein. Ich solle lieber den Wanderweg Richtung Wasserkuppe nehmen. Sie sagen das so eindringlich, dass ich ihrem Rat folge. Der Wanderweg führt am Salzrinnenhof zur Bundesstraße nach Gersfeld und zweigt dann zur Wasserkuppe ab. Die Rhön gehört zu den Gebieten in Deutschland mit den ergiebigsten Niederschlägen. Auf dem höchsten Berg Hessens werden jährlich tausendeinhundert Milliliter auf den Quadratmeter gemessen. Kaum bin ich an der Abzweigung angekommen realisiert sich das erhöhte Regenrisiko. An der Fuldaquelle steht Indiana Jones breitbeinig über dem Rinnsal und füllt das Quellwasser in Fünfliterflaschen. Ist das trinkbar frage ich ihn. Seine Antwort fällt irritierend aus: Wenn die Leute wüssten, kämen sie busladungsweise und ständen Schlange. Das Wasser sei so heilsam wie das aus Lourdes. Er nennt mir einen Wert von irgendwas – jedenfalls keiner physikalischen Größe. Ich habe einen Esoteriker vor mir, einen katholischen natürlich. Wie könnte es in der Rhön auch anders sein. Auf der Kuppe angekommen, reicht der Blick nicht allzu weit. Ein feiner Nieselregen liegt über dem Land der weiten Fernen. Heute Nacht soll hier das erste Sternschnuppen-Festival steigen. Die Chancen stehen schlecht, dass die Besucher ein bisschen Nachthimmel sehen. Tatsächlich Regnet es die Nacht durch. Ich mache dem Fliegerdenkmal – hier oben wurde das Segelfliegen erfunden – meine Aufwartung und besiedle danach einen Unterstand vor dem Pferdskopf. Während ich beim täglichen Kochritual bin, kommt eine Kleinfamilie vorbei. Der Kleine zu seinem Vater: *„Wann bricht der Vulkan aus?"* Der Vater beschwichtigt. Der Gleitschirmübungsplatz ist trotz Nieselregens gut besucht. Die bunten Schirme flattern im Wind. Niemand steigt bei diesem Wetter auf. Heute wird nur am Boden geübt. Das gefällt nicht jedem Teilnehmer. Zwei Jungs stampfen an mir vorbei und beschweren sich lautstark über die ewigen Trockenübungen. Sie seien gekommen, um zu fliegen. Ob ihnen das mit nassen Schirmen Freude machen würde? Ich habe da meine Zweifel, bin aber nicht vom Fach. In der Dämmerung wabern die Bässe des Festivals zu mir hinüber. Im Radio singt Charlie Winston *„Like a hobo". Das is jetzt awwer wärglisch genuch.*

Das Panorama vom höchsten hessischen Berg muß man gesehen haben, *„wenn einem nicht ein Bild in der Seele fehlen soll"* (Alexander von Humboldt). Leider ist nichts zu sehen. Der Tag beginnt mit Hochnebel, der nicht weichen will. Nur ab und zu reist er auf und gibt die Sicht auf

Kuppe und Täler frei. Im Radio wird an den Bau der Berliner Mauer erinnert. Am 13ten August 1961 rückten die Baukolonnen an. Kurz zuvor hatte Ulbricht verkündet: *„Keiner hat die Absicht, eine Mauer zu bauen."*

Bereits am frühen Morgen zieht eine Wandergruppe an meinem Schlafplatz vorbei. Sie kommen aus Gersfeld, tief unten im Tal. Erschöpft sind sie. Mit versteinerten Gesichtern mühen sie sich gruß los an mir vorbei. Ich schiebe mich hinter der Schlechte-Laune-Truppe hoch zur Kuppe. Dort herrscht rege Geschäftigkeit. Das Open-Air von Gestern wird abgebaut, ein neuer Event aufgebaut. Dass hier nichts los wäre, kann ich nicht behaupten. An der Info-Station werden Elektroroller ausgeladen. Nebenan befasst sich die Polizei mit den Straftaten der Nacht. Am Startgelände herrscht bereits reges Treiben. Segelflugzeuge werden über die Zufahrtsstrasse zur Startbahn geschoben, wo sie sich aufreihen. Der Hochnebel ist strahlendem Sonnenschein gewichen. An der Fuldaquelle vorbei rolle ich ins Tal nach *Geroldisfelt*, wie sich der Ort im Mittelalter nannte - nicht auf der Trekking-Route, sondern bequem über die Landstrasse. In einer ihrer Windungen habe ich einen letzten Blick auf die Kuppel. Gersfeld ist beschaulich. Heute Morgen allerdings tanzt vor dem Rathaus der Bär. Vor dessen Portal hat sich eine mondäne Hochzeitsgesellschaft aufgebaut - Schickeria auf osthessisch. Nein, ich bekomme keine Einladung. Kurz vor dem Schlosspark steht das legendäre *Gasthaus zum Hirsch*. Hier wurde am sechsten August 1876 der Gesamt-Röhnclub gegründet. Doch erst zwölf Jahre später begann die touristische Erschließung der Rhön. Da fuhr die erste Bahn hier ein — über Fulda aus der Metropole Frankfurt kommend. Großstädter suchten hier Naturidylle. Bis heute sind Vogelsberg, Rhön, Spessart und Taunus das Naherholungsgebiet gestresster Frankfurter. Kein Wunder. Die weitgehend erhaltenen Kultur- und Naturlandschaften liegen mit dem Auto und der Bahn wenig mehr als eine Stunde vom Ballungsgebiet entfernt.

Die Bundesstraße nach Fulda ist eine Kegelbahn. Mir fällt dabei die Rolle des Kegels zu. Das endlose Band der Lastwagen fegt mich im Sekundentakt fast von der Straße, doch die Route ist alternativlos. Mit jedem Laster wächst meine Wut. Ein Radweg wäre hier keine übermäßig schlechte Idee. Die Gersfelder Hochzeitsgesellschaft überholt mich.

Nach wenigen Kilometern trennen sich Cabrio und Büchsen. In Thalau nehme ich am Dorfbrunnen eine Dusche – oben an der Fuldaquelle war es mir noch zu kalt für die Katzenwäsche. Wenig später finde ich mich im Bayerischen wieder. *„Was unser Land jetzt braucht: Zusammenhalt"* lässt die CSU im Kreis Bad Kissingen ausrichten. Wie das Land, so die Partei, mag sich dazu mancher Bürger denken. Hinter Motten geht es steil bergauf, vorbei am restaurierten Fachwerkhaus des Röhnclubs – einem alten zweihundertfünfzig Jahre alten Wohnhaus. Wenig später komme ich an der Zufahrt zum Truppenübungsplatz Wildflecken vorbei – einem der vielen Abenteuerspielplätze meiner Jugend. In Wetter lockt der Campingplatz *Röhnperle* mit einem romantischen Badesee. Danach hört die Idylle auf. Hinter Speicherz lärmt sich die Autobahn übers Sinntal. Hinter Oberzell faucht der ICE durch den Wald, dass es mich vor Schreck fast aus dem Sattel hebt. Dahinter beginnt der Natur-park Hessischer Spessart.

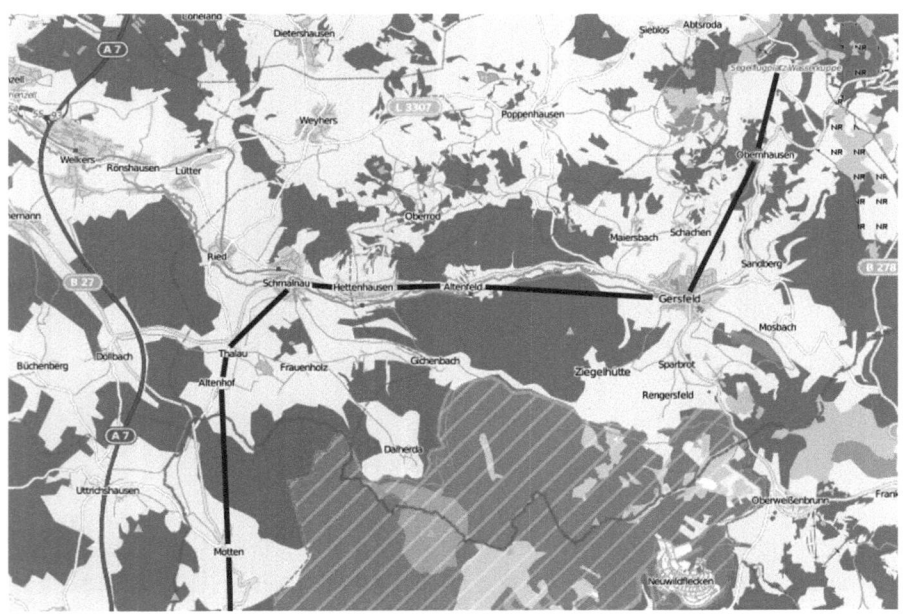

Spessart
Wilhelm Hauff und die Räuber

„Vor vielen Jahren, als im Spessart die Wege noch schlecht und nicht so häufig als jetzt befahren waren, zogen zwei junge Burschen durch den Wald. Der eine mochte achtzehn Jahre alt sein und war ein Zirkelschmied, der andere, ein Goldarbeiter, konnte nach seinem Aussehen kaum sechzehn Jahre haben und machte wohl jetzt eben seine erste Reise in die Welt. Der Abend war schon heraufgekommen, und die Schatten der riesengroßen Fichten und Buchen verfinsterten den schmalen Weg, auf dem die beiden wanderten. Der Zirkelschmied schritt wacker vorwärts und pfiff ein Lied, schwatzte auch wohl zuweilen mit Munter, seinem Hund, und schien sich nicht viel darum zu kümmern, daß die Nacht nicht mehr fern, desto ferner aber die nächste Herberge sei. Aber Felix, der Goldarbeiter, sah sich oft ängstlich um. Wenn der Wind durch die Bäume rauschte, so war es ihm, als höre er Tritte hinter sich. Wenn das Gesträuch am Wege hin und her wankte, sich teilte, glaubte er Gesichter hinter den Büschen lauern zu sehen. Der junge Goldschmied war sonst nicht abergläubisch oder mutlos. In Würzburg, wo er gelernt hatte, galt er unter seinen Kameraden für einen unerschrockenen Burschen, dem das Herz am rechten Fleck sitze; aber heute war ihm doch sonderbar zumut. Man hatte ihm vom Spessart so mancherlei erzählt. Eine große Räuberbande sollte dort ihr Wesen treiben, viele Reisenden waren in den letzten Wochen geplündert worden, ja man sprach sogar von einigen greulichen Mordgeschichten, die vor nicht langer Zeit dort vorgefallen seien. Da war ihn nun doch etwas bange für sein Leben, denn sie waren ja nur zu zwei und konnten gegen bewaffnete Räuber gar wenig ausrichten. Oft gereute es ihn, daß er dem Zirkelschmied gefolgt war, noch eine Station zu gehen, statt am Eingang des Waldes über Nacht zu bleiben..." So beginnt Willhelm Hauffs Erzählung *„Das Wirtshaus im Spessart".* Mit ihr setzte der Dichter den Spessarträubern ein Denkmal. Der Landstrich bot den Spießgesellen bis hin ins 19te Jahrhundert ideale Bedingungen für ihr Handwerk. Er wurde beherrscht vom fernen Erzbistum Mainz, dem ebenso fernen Hochstift Würzburg und einigen kleinen Herrschaften wie dem der Grafen von Rieneck. Grenzübergreifende Strafverfolgung gab es nicht. So konnten die Banden ihren Häschern immer wieder entkommen.

Hier und heute ist unter allen Wipfeln Ruh. Große Teile des „Spechtswaldes" sind Naturpark. Über achtzig Prozent des zentralen Hochspessarts sind bewaldet. Richtig hoch ist er allerdings nicht. Im Gegensatz

Heft 2. 1906.

Spessart

Monatsschrift
für die Interessen des
Gesamtspessart-Gebietes
und der Spessartfreunde

Druck und Verlag: Wailandt'sche Druckerei A.G. Aschaffenburg a. M.

zur Rhön bringt er es auf kaum mehr als sechshundert Meter. Zunächst fahre ich jedoch durch das Sinntal: *„Kinzig, Sinn und Main schließen rings den Spessart ein.“* Es beginnt zu regnen. Weit und breit leider keine Schutzhütte in Sicht. Zum ersten Mal bin ich gezwungen, meine tragbare Hundehütte aufzubauen. Später koche ich mir unterm Regenschirm mein Abendmahl und schaue den Regentropfen zu, die in der Sinn kleine Kreise erzeugen. Am nächsten Morgen ist der Spuk vorbei. Die Sonne scheint ins Tal. Die Wiese dampft. Ich nehme ein ausgiebiges Morgenbad in der Sinn, die fröhlich über mich hinwegplätschert. Dieser Ort der Ruhe wird jedoch auch von einer älteren Dame geschätzt. Grußlos stampft sie an mir vorbei, baut Liegestuhl und Sonnenschirm auf. Mein Platz ist ihr Platz. Ich verstehe und weiche.

Vorbei am Biolandhof Marjoß, der vom Behindertenwerk Main-Kinzig e.V. getragen wird, fahre ich durch die Auenlandschaft vor Mernes, wo dem Spessart-Stör ein Denkmal gesetzt wurde. Hinter dem hessischen Forstamt Jossgrund beginnt mein endloser Aufstieg in die Höhen des Spessart. Dass Mittelgebirge Auf- und Abstiege haben, muß der Spessart erst noch lernen.

Doch auch im Spessart gelten die Naturgesetze. Irgendwann geht es dann doch wieder bergab, vorbei am *Wirtshaus im Spessart* nach Bad Orb. Das ist ganz hübsch, aber ziemlich verschlafen.

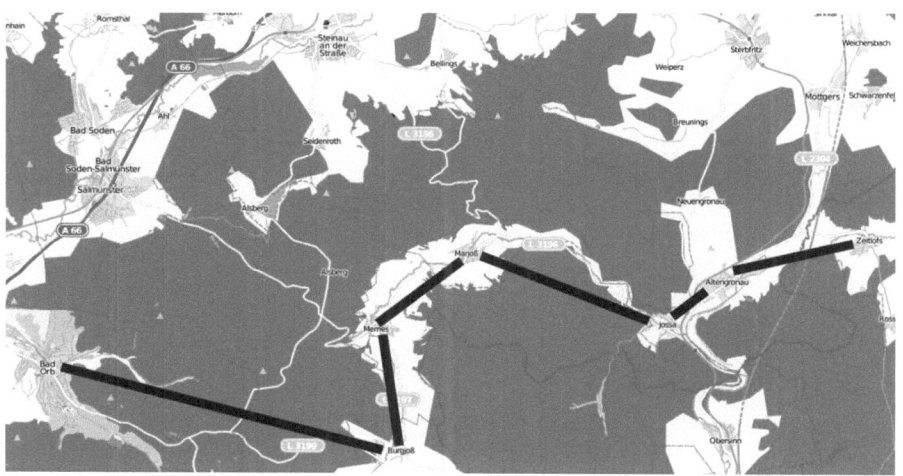

Wer hier herkommt, erwartet aber auch kein Ibiza-Feeling. Passt schon. Ich gehe auf Beutezug in der örtlichen Supermarktansammlung. Danach muss ich wieder einen Berg hoch, um zur Barbarossastadt Gelnhausen zu kommen. Dort herrscht bereits Freitagabendfeierabendstimmung. Das Freibad platzt aus allen Nähten. Ich mache den Resten der Kaiserpfalz meine Aufwartung und fahre weiter nach Langenselbold. Der Radweg führt an der Autobahn entlang. Darauf könnte ich verzichten. Hier kreuzen sich zwei Autobahnen, weshalb es die Stadt zu einiger Berühmtheit im Verkehrsfunk gebracht hat. An der Gründau, die ihr Wasser der Kinzig spendet, habe ich für heute fertig. Ich bin angekommen im Rhein-Main-Park.

Rhein-Main-Park
Wo sich Landeanflüge, ICE-Trassen und Autobahnen zur Kakophonie vereinigen

Auf dem Spielplatz an der renaturierten Gründau vergnügen sich zur späten Stunde ältere Semester, denen das wippen höllischen Spaß macht. Warum gibt es eigentlich keine Erwachsenenspielplätze? Eine terrassenförmig angelegte Wassertretstelle habe ich an diesem lauen Sommerabend zu meiner Herberge erkoren. Ich sitze noch nicht lange, als mich ein cooler Hipphopper anspricht - auf Englisch. Feuer begehrt er. Zunächst denke ich, dass er mich für einen Outdoorfreak auf großer Deutschlandtour hält. Tatsächlich ist er der Ausländer auf Deutschland-tour – er ist Nordamerikaner mit mexikanischen Wurzeln. Die Sonne geht hinter dem Neubaugebiet unter. Endlich ein richtiger Sommer-abend meldet das Radio. Später unterhalten wir uns über den *Blackwood Forrest*, das Outdoorleben und Internet-Junkies. Ich bin etwas ratlos, als er mich fragt, welche typische deutsche Speise ich empfehlen könnte: Döner und Tiefkühlpizza sind sicher die beliebtesten. Typischer sind wohl *Ostfriesensushi* (Rollmops), Kalbshaxe, Schnitzel (eine in ihrer Komplexität weit unterschätzte Delikatesse), Forelle blau und hier in Hessen der *Handkäs mit Musik* Weshalb letzterer so genannt wird, muss nach dem Selbstversuch niemandem mehr erläutert werden.

Nachts schrecke ich auf. Scheinwerfer blenden mich. *„Lebt der noch?"* schreit jemand in die Nacht. *„Der"* regt sich. Gejohle - dann braust die Meute weiter. Gott sei Dank keine Spessart-Räuber.

Am nächsten Morgen weckt mich Bilderbuchsommerwetter. Der Himmel ist blau, die Sonne verbrennt mir bereits am frühen Morgen den Pelz. Ich rette mich ins Wasser der Gründau. Sanft gleitet sie über mich hinweg. Fischbabys schlabbern neugierig an mir herum, während ich mich durch *„Der Nussbaum gegenüber vom Laden, in dem du dein Brot kaufst"* arbeite. Peter Kurzeck erzählt in dem Wälzer vom Nachkriegs-alltag im mittelhessischen Dorf Staufenberg: *„Kind ohne Welt. Mit zwei noch zwischen verschlossenen Türen im Hausflur kriechen. Mit sieben, acht auf dem Dachboden ein gottverlassenes Weltall vorfinden. Mit neun am Schindgraben, La-gerfeuer anzünden. Mit dreizehn in zugigen Winkeln stehen und nicht wissen, wor-auf wir warten. Mit sechzehn Schoul fierboj. Seit zwo Jahren schaffen gehen. Ein*

Sommer kommt, da sind wir auf jeder Kirmes. Mit vierundzwanzig verheiratet Mit achtundzwanzig zwo Kinner und es noch einmal bei der Bahn probieren. Mit drei-ßig noch an den Traktor glauben, an den Fleiß und die eigene Kraft jeden Tag, von der Hütt aufs Feld und Gott dem Herrn nicht begegnet. Mit fünfunddreißig umgibt uns die Müdigkeit wie ein Schneegestöber, aus dem wir nicht mehr herauskommen werden. Mit sechsunddreißig am Tor stehen, husten und rauchen, müssen uns einmal verhoben haben. Ein paar Jährchen später krank geschrieben, ganz blau im Ge-sicht, wie durchgeknickt in der Mitte, umversetzt, kommt das Geld uns zum Fehlen und mit der Feldarbeit und unserem eigenen Leben sind wir auch hoffnungslos im Verzug. Wieder zur Kur, muß man dankbar sein, mit bleischweren Gliedern im immer dichteren Dämmer neben dem Hackstock sitzen, selbst wie ein Hackstock. Am besten aufwachen ohne Erinnerung. Den vergangenen Tagen und dem eigenen Namen hinterdreingrübeln - da und dort gegangen, wo ist die Zeit uns denn hin? - und zehn Jahre eher sterben."

Den Kurzeck schleppe ich nunmehr fast drei Jahrzehnte mit mir her-um. Im klaren Wasser der Langenselbolder Gründau kommen wir uns nun endlich näher. Leider ist der Spaß endlich. Fische dürfen den gan-zen Tag baden, Radwanderer müssen immer weiter. Müssen sie? Ich jedenfalls schon. Zum Monatsende trifft sich mein Jahrgang in Schlitz.

Nach Darmstadt führt der Radweg erneut entlang einer Autobahn. Im Ruhrgebiet wird inzwischen eine Radautobahn geplant. So herum ist mir Verkehrswegeplanung lieber. Zum Autobahnlärm gesellen sich Flugzeuge. Sie donnern, brüllen und fauchen über Darmstadt. Wer hier lebt, muss hart gesotten sein – eine Art industriegesellschaftsaffimierter Übermensch mit Benzin im Blut und selektiver Wahrnehmung. Die kleine Fußgängerzone ist an diesem Samstagnachmittag fast ausgestor-ben. Ich irre durch die Stadt. Radwegschilder sind hier Mangelware. An der Brücke über die Bahngleise stehen Plakate, die zu Einwendungen gegen die Erweiterung des Kohlekraftwerks Großkrotzenburg aufrufen. Dort angekommen, verstehe ich nicht nur als Umweltschützer das Problem: wie eine mittelalterliche Burg überragt das Kraftwerk den Ort. Schöner macht es ihn nicht. Später, in Kahl am Main finde ich den Main nicht - dafür eine Bank an der Kahl mit Blick auf die Kirche. So what?

Am nächsten Morgen interessiert sich ein Golden Retriever für mein Frühstück. Ich auch. Er wird zurückgepfiffen und gehorcht. Danach

DEUTSCHES

WÖRTERBUCH

VON

JACOB GRIMM UND WILHELM GRIMM.

ERSTER BAND.

A — BIERMOLKE.

LEIPZIG

VERLAG VON S. HIRZEL.

1854.

beginnt eine Odyssee nach dem Drehbuch *Lost in Kahl*. Der Ort nimmt mich gefangen - gewiss nicht wegen seiner atemberaubenden Schönheit. Die findet sich eher am gegenüberliegenden Mainufer in Seligenstadt. Das wissen leider auch viele Touristen, weshalb dessen Innenstadt im Sommer fast so überlaufen ist wie Rüdesheim - und das ganz ohne Drosselgasse.

In Karlstein führt der Radweg, den ich irgendwann doch finde, direkt an den Main (geht doch). Der Frachter Obelix aus Regensburg tuckert durch den frühen Morgen, während der Fluss in steinernes Korsett eingezwängt dahin fließt. Seit 1989 - vorher gab es hier nur Fährbetrieb - verbindet die Kiliansbrücke das bayerische Dettingen mit Mainhausen. Die Gegend ist geschichtsträchtig. Hier fand am 27 Juni 1743 die Schlacht bei Dettingen statt. Es ging um die Habsburger Erbfolge. Das war noch zu einer Zeit, als unsere Alpenbrüder und –Schwestern in Mitteleuropa noch mächtig was zu sagen hatten. Mitglieder der Dynastie stellten erstmals 1273 und fast ununterbrochen ab 1438 die deutschen Könige und römisch-deutschen Kaiser.

Am Ende der Mainbrücke baut seelenruhig und fortwährend grüßend ein fliegender Händler (Karten, Regencapes und sonstiger Radlerbedarf) seinen Stand auf. Ebenso freundlich wird er zurückgegrüßt. Die Bruderschaft der Raswanderer zelebriert sich selbst. Milchige Trübe umhüllt den Ort und gibt der Szene etwas Heimeliges. Wie bestellt fangen die Glocken der Dorfkirche an zu läuten. Auf dem Campingplatz am Badesee Mainflingen beginnt der Tag. Der See liegt südlich von Mainflingen inmitten einer Seenlandschaft. Der größte liegt im Naturschutzgebiet „*Bong´sche Kiesgrube und Mainufer bei Mainflingen*" und ist den Flattermännern vorbehalten. Vogelliebhaber können hier viele und zum Teil seltene Vogelarten beobachten, da der See als Brutareal sowie Rastplatz für Zugvögel sogar nach der EU-Vogelschutzrichtlinie geschützt ist. Die Seenstraße führt durch ein nur mäßig aufregendes Industriegebiet nach Zellhausen. Ich fahre weiter nach Babenhausen. Ein Stubentiger lümmelt sich auf der Gasse und zeigt mir mit aufreizender Gelassenheit, durch wessen Territorium ich mich schiebe. Ich lasse mich von der Stadtkirche beeindrucken. Die steht hier schon seit dem Mittelalter und dominiert den Platz vor dem Rathaus.

Nebenan rocken die *Rodgau Monotones*. Im November 1977 trafen sich fünf Musiker aus dem Großraum Rodgau zum ersten Mal im Proberaum und gründeten die Band. Die Liedtexte handeln vorwiegend vom Glück und den Tücken des Alltagslebens. Ihre größten Hits sind *„Ei Gude wie!"*, *„St. Tropez am Baggersee"* und *„Die Hesse komme!"*. Sie sprenkeln in ihre Songs gut dosiert hessische Mundart so, dass auch der Bayer noch etwas damit anfangen kann. Spät erkannte die Stadt, was sie an ihnen hat. 2009 erhielten sie deren die Bürgermedaille in Gold.

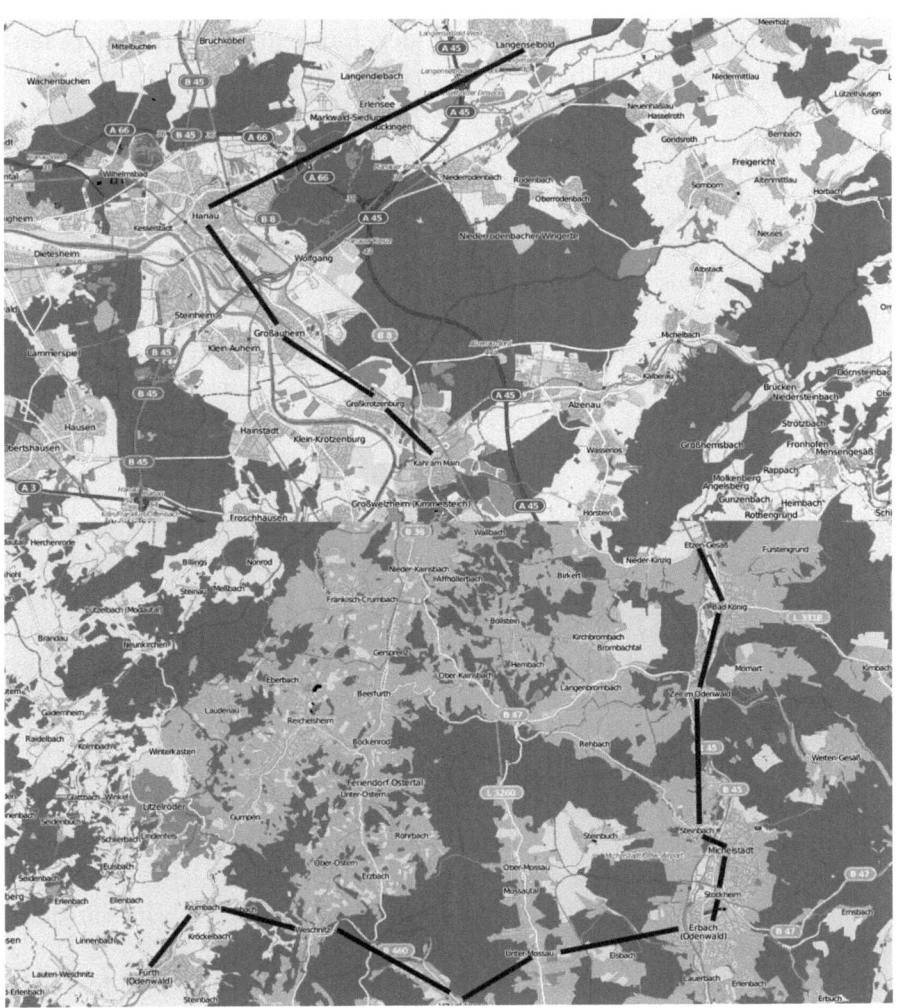

Odenwald
Zwischen Zersiedlung und Rentneridylle

Das beeindruckendste am Odenwald ist der Blick zu ihm hin. Auf einer Länge von über sechzig Kilometern, zwischen Darmstadt und Wiesloch, erheben sich aus dem brettebenen Flachland der Oberrheinischen Tiefebene steile Bergflanken. Hier – und natürlich weiter nördlich im Rheingau – wächst Hessens Wein. Die Bergstraße ist eines der beliebtesten Ausflugsziele der Hessen. Die Nordgrenze, auf die ich nun zufahre, zeichnet sich weniger klar ab. Man sagt, wo der Wald beginnt, ist Odenwald. Hinter Babenhausen fahre ich auf einem schmalen, stark radlerfrequentierte unbefestigten Waldweg nach Langstadt. Der Ort liegt an den Ausläufern des nördlichen Odenwaldes. Im Umland wird der begehrte Spargel angebaut. Bereits bei Ägyptern, Griechen und Römern lag das Gemüse auf dem Teller. Letztere brachten es mit nach Germanien. Dort bauten sie es an, um den wachsenden Bedarf im Kernland zu decken - Globalisierung, wie sie auch heute wieder sehr in Mode gekommen ist. Bis ins 18. Jahrhundert und in Kriegszeiten galt der Spargel hierzulande als Luxusgemüse. Das hat er seinem niedrigen Nährwert und dem aufwändigen Anbau zu verdanken. Zwischen Odenwald und Rhein gefällt es ihm. Das Gewächs braucht Wärme und sandigen Boden, weil der locker und nicht zu feucht ist. Wenn man grade nichts Besseres zu tun hat, kann man ihm beim Wachsen zusehen - bis zu sieben Zentimeter am Tag. *„Kirschen rot, Spargel tot."* Am Johannistag ist Schluss, die Spargelsaison zu Ende. Später werde ich in der Rheinebene auf viele nicht mehr abgeerntete Felder treffen.

Die Bundesstraße nach Höchst im Odenwald zu nehmen war eine mäßig intelligente Idee. Autos jagen an mir vorbei und ich denke permanent an die Holzkreuze in Thüringen. Ab Höchst rettet mich der Radweg durchs Tal der Mümling. Ein Unwetter zieht auf. Bei Grumbach finde ich ein Plätzchen am Flüsschen, das mich anlacht. Ich bleibe. Das Blätterdach der Erlen bietet ein bisschen Schutz, das glasklare Wasser plätschert unter ihnen hindurch. Den Frieden stören nur einige Vierbeiner. Ihre Dosenöffner meinen offensichtlich, dies sei ein guter Platz,

deren Pelz zu wässern. Auch Biertrinker schätzen ausweislich der vielen herumliegenden Etiketten diesen idyllischen Ort.

Am nächsten Morgen meldet mein Radio, dass gestern schwere Unwetter über Rhein/Main gewütet haben Kaum bin ich einige Meter gefahren, beginnt auch hier der Regen - immerhin kein Unwetter. Ich setze mich wieder unter das Erlendach und höre Radio. Der hypnotischen Wirkung sich überlagernder Ringe, die Regentropfen im Wasser hinterlassen, kann ich mich nicht entziehen. Eine Stunde später hört die Show auf. Höchste Zeit für mich, aufzubrechen. Entlang der Mümling fahre ich nach Bad König. Die Stadt ist eine der ältesten Siedlungen im Tal – errichtet auf einem germanischen Siedlungsplatz. In der Römerzeit soll die Bezeichnung für den Ort *Quintiacum* gewesen sein. *Quinticha* ist der Name, mit dem Bad König ein Jahrzehnt nach dem Tod Karls des Großen zum ersten Mal urkundlich erwähnt wurde. Im Mittelalter war es ursprünglich Reichsbesitz und gehörte dann zum Besitz des Reichsklosters Fulda. Immer wieder Fulda. Dessen Einfluss auf die hessische Geschichte wird immer wieder unterschätzt.

In Michelstadt fängt es wieder an zu regnen. Die Stadt ist wie leergefegt. Zusammen mit einigen betagten Touristen finde ich Unterschlupf unter dem Wahrzeichen der Stadt – verewigt in einer Briefmarke der Deutschen Bundespost. Das Michelstädter Fachwerkrathaus ist in der ganzen Welt bekannt. Chinesen und Japaner lieben es. Es wurde im Jahre 1484 im Stil der Spätgotik errichtet und ist noch heute hübsch anzusehen – wie die gesamte Innenstadt. Michelstadt hat das, was im Tourismusjargon eine *pittoreske Altstadt* genannt wird. Hier zieht es weniger Rucksacktouristen und Eventabenteurer hin als die *Generation Apfelstrudel*. Ein Problem, dass die tourismusabhängige Stadt bald lösen muß. Ich schiebe mich weiter zum Kellerhof, wo gerade der Bienenmarkt abgeräumt wird. Mir ist kalt. Der Kellereihof ist eine im frühen Renaissancestil überbaute fränkische Burganlage, die in den Stadtmauer-Ring um Michelstadt integriert ist. Diese Burg ist selbst eine Überbauung eines römischen Siedlungs- und Handelsplatzes am Kreuzungspunkt zweier römischer Straßen zur Versorgung der Odenwälder und Mainischen Limes-Kastelle. Wer im Odenwald kann mehr Geschichte bieten?

Zwischen Michelstadt und Erbach gehen die Städte ineinander über. Nur ein hässliches Industriegebiet trennt sie. Am Radweg sitzen

zerrupfte Gestalten, die einen bereits weitgehend geleerten Bierkasten vor sich haben. Sie sind bestens organisiert. Der Kasten steht in einem Handwagen. Sie grüßen aus einer Wolke Bierdunst und Zigarettenqualm freundlich zu mir hinüber. Bekannt ist die Stadt aber eher weniger durch ihre Penner. Franz I., letzter regierender Graf, führte im Jahre 1783 die Elfenbeinschnitzerei in dem kleinen Odenwaldstädtchen ein. Seitdem trägt es den Beinamen *Elfenbeinstadt*. Freilich wird hier nichts mehr verarbeitet, was kurz zuvor noch die Savannen Afrikas durchquerte. Das findet man nur noch in China. Längst ist man hier dazu übergegangen, mit den Hörnern ihrer Vorfahren zu arbeiten. Das Material kommt aus Sibirien, wo ihre letzten Vertreter vor viertausend Jahren beschlossen, genug für die Evolution getan zu haben – und ausstarben.

Zurück zur Gegenwart. Der Radweg führt am Bahnhof vorbei. Hier steht noch das Wasserhaus von 1878 mit dem Wasserkran der Odenwaldbahn. Leider darf man ihm nicht zu nahe kommen. Die Bahn mag das nicht. Dahinter geht es steil bergauf. Der Radweg führt durch den Brudergrund. Dort gibt es ein Freigehege. Dessen Bambis reagieren auf mich eher abweisend. Es sind eben Fluchttiere. Der Straßenverkehr auf der Landstraße lässt sie unterdessen kalt. Ich drechsle mich weiter hoch. *Höhe aufbauen* nennt man das im Fachjargon der Radlerbruderschaft. Nichts als Wald ist um mich herum. Selten begegnet mir ein Auto. Auf Höhe des Parkplatzes, wo der Wanderweg quert, geht es endlich bergab. Steil. Der Blick über Hügel und Wälder entschädigt für die Mühen des Aufstiegs. Mit *Hui* fahre ich runter ins Mossautal In Unter-Mossau kühle ich mich an einem Brunnen mit eiskaltem Quellwasser – dorfverschönert mit Geranien. Danach nehme ich die Abkürzung über Heckmannshöhe, statt bequem im Tal weiter zum nächsten zu fahren. Das bereue ich bald. Schier endlos geht es durch Streuobstwiesen und später finsteren Wald steil bergauf. Erschöpft ende ich auf einer Bank, wo mir eine steife Briese die Körpertemperatur auf Normalzustand bringt. Danach geht es steil bergab nach Hiltersklingen, wo in wenigen Tagen die *Quetschekerwe* steigen wird. Das Festzelt ist bereits aufgebaut.

Auf der Siegfriedstraße – der Bundesstraße nach Füssen – erwischt mich ein Gewitter mit Starkregen. Ich flüchte tief in den Wald, spanne meinen Regenschirm auf und warte das Ende des ungemütlichen Wetters ab. Wenigstens ist der Regen warm. Danach fahre ich weiter durch

den Wald nach Fürth. Durch den Ort quetscht sich der Feierabendver-
kehr – und eben auch ich. Ohne eine Häuserzeile plattzumachen haben
sie hier keinen Platz für einen Radweg. Bei aller Liebe zum Radfahren –
so weit würde ich nicht gehen. Verkehrsumtobt steht in einer Ecke eine
Skulptur von Gers Nettlich, die an Siegfried erinnern soll. Dort mache
ich eine kurze Pause. Danach fahre ich weiter – aus dem Odenwald
heraus in die Rheinebene. Die erreiche ich aber erst am nächsten Tag.
Kurz vor Weinheim an der Bergstraße find ich im Schlosspark von
Birkenau ein Dach über dem Kopf. Am nächsten Morgen werde ich
feststellen, dass ich dort in der Nacht laut Parkordnung nichts mehr zu
suchen hatte. Der Park ist im Privatbesitz von Baron Warnboldt und
nachts ist das Betreten verboten. Mir läuft es kalt den Rücken runter –
ich, ein Störer der öffentlichen Ordnung, ein Missachter feudalen
Grundbesitzes? Zusammen mit den flirtenden Jugendlichen, die den
Park ebenfalls unsicher machten? Erst als ich am nächsten Tag aufbre-
che bemerke ich, daß die Straße offensichtlich durch den Schlosspark
geführt wurde, denn das Schloss liegt gegenüber. Potz Blitz. Hat man
dem Baron eine Straße vor die Tür gesetzt? Offensichtlich.

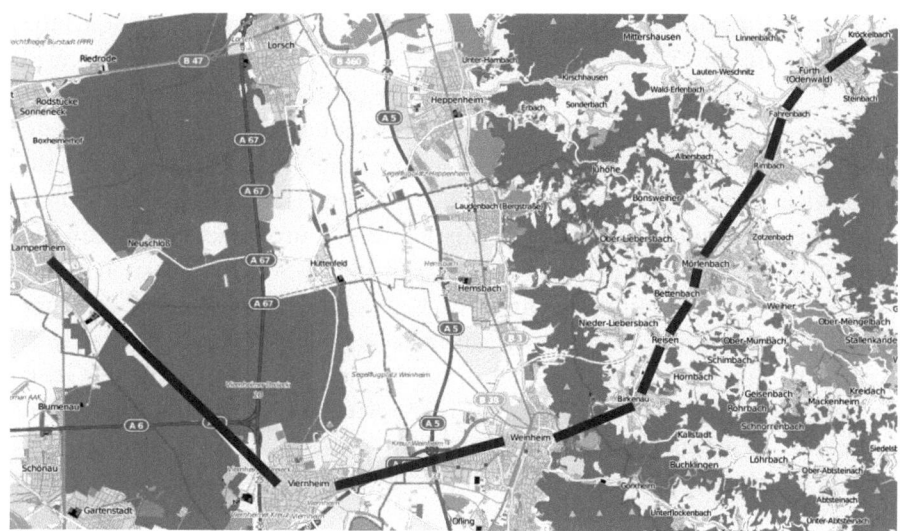

Hessisches Ried
Ein Wirtschaftsflüchtling, der Barsche angelt und ein marodes Kernkraftwerk

Wer zu *Winos Heim* will, muß durch ein enges Tal am Austritt der Weschnitz. Sie ergießt sich von der Bergstraße in die Rheinebene. Früh blühen hier die Mandelbaume im milden Klima – wenn auch nicht so früh wie auf Mallorca. Während der Badischen Revolution 1848 – Weinheim gehört noch zu Baden-Württemberg - unterbrachen Weinheimer die Eisenbahnstrecke und brachten damit einen Zug zum Entgleisen, der für den Truppentransport bestimmt war, um den Struve-Putsch niederzuschlagen. Aber dazu später in *Einmal Heidelberg und zurück – mit dem Rad rund um Baden-Württemberg.*

Weinheim entfacht – so wie es heute aussieht – keine Begeisterungsstürme bei mir. Dennoch gibt es hübsche Flecken in dem Ort. Auch versuchen sie, Touristen möglichst lang in der Siedlung zu halten. An der Viernheimer Straße schaffen sie es zwar, Heppenheim und Heidelberg auszuschildern. Viernheim scheint für die Weinheimer nicht zu existieren. Ich irre in Weinheim herum, finde dann aber das Touristenbüro, wo man mir über die Straße hilft. Aber nur theoretisch, wie ich später leider feststellen muß, denn die Viernheimer Straße führt leider nicht nach Viernheim. Auch die Polizeistreife, die gerade ihre Radarfalle abbaut, kann mir nicht weiterhelfen. Sie kommt aus Heidelberg und kennt Viernheim nur dem Namen nach. Zu unserer kleinen Diskussionsgruppe stößt ein Radler, der mir wenigstens die grobe Richtung sagen kann. Immerhin. In Viernheim angelangt verstehe ich, weshalb niemand in Weinheim darauf Wert legt, Wegweiser in die Stadt unten im Rheintal anzulegen. In der Industriestadt wurde viel Wert auf die Verwendung von Beton gelegt. Die Brundtland-Stadt muß man nicht gesehen haben. Endgültig reicht es mir, als ein Penner weithin sichtbar das schäbige Betonmonster von Rathaus bepinkelt. Kurze Zeit später, in einer Wohnstraße, kratzt jemand zur Mittagszeit das spärliche Grün aus den Ritzen vor seiner Ausfahrt. Das rettet die Stadt auch nicht. Im Gegenteil – ein bisschen Grün würde ihr gut tun. Ob er wohl Angst hat, das Chlorophyll verätze ihm die Reifen?

Der Radweg nach Lampertheim führt an Schrebergärten vorbei über den ehemaligen Truppenübungsplatz der US-Armee. *„Contact range control before entering".* Kann ich mir wohl sparen. In Lampertheim fahre ich durch Kräuterfelder auf ein großes Neubaugebiet zu. Ich suche den Rhein, will auf einer Sandbank übernachten, wie ich sie vom Niederrhein her kenne. Pustekuchen. An das Reinufer ist hier nicht ranzukommen. Der Altrhein ist zugewachsen und fest in Mannheimer Hand. Ein Pärchen hat sich hier urlaubsmäßig ausgebreitet. Der Typ kommt auf mich zu. Ob ich angele? Er will wissen, was man hier fangen kann. Woher soll ich das wissen? Für einen Angler hat man mich bislang noch nicht gehalten. Der Stör hält sich noch zurück. Seit der Rhein nach vielen Katastrophen nicht mehr als Kloake dient, haben sich hier über sechzig Fischarten wieder angesiedelt. Der Lachs vermehrt sich seit fast zwanzig Jahren. Die Anzahl der Kleintiere lag zur Jahrtausendwende fast so hoch wie vor hundert Jahren. An vielen Stellen kann man inzwischen bedenkenlos baden. Und das ist gut so. Wie kein anderes Gewässer ist er identitätsstiftend für *Deutscheland.* Die Kelten nannten den Fluss *Rhenos,* die Römer *Rhenus;* in der Antike wurde der Fluss zudem als *Rhenus Pater* verehrt. Möglicherweise wurde der Name zuerst von der rätischen Bevölkerung im Quellgebiet des Rheines benutzt - und dann von Kelten und Römern übernommen. Der Rhein – ein Multikultifluss.

Nördlich des Viernheimer Waldes, in Lampertheim, beginnt das Hessische Ried. Das ist flach, flacher, am flachsten. Im Dunst ist östlich davon der Odenwald mit seiner Bergstraße nur schemenhaft erkennbar. Gegenüber liegt Worms, wo Karl der Große seinen Wintersitz nahm und heute die Nibelungen-Festspiele stattfinden. Bei Müllers Hofladen hat der Bauer für mich eine Riesendusche aufgestellt. Danke. Durch den Sprühnebel schaue ich auf die Wormser Brücke. Bei Hofheim tauchen die weißen Kuppeln von Biblis am Horizont auf. In zwanzig Jahren nicht mehr.

Kurze Zeit später bin ich endlich am Rheinstrand vor dem Wehrzollhaus. Muschelsandstrand. gibt es hier. Nur die Industrieanlage gegenüber stört die Idylle - kein Paradies ohne Mücken. Und dieser Rasenmäher zu Wasser. Auf dem sitzen zwei bullige Typen und haben ihren Spaß. Im Gegensatz zu den Badenden, die das mit mir nervt Als sie endlich abgezogen sind, kehrt Ruhe ein. Zwei Bernhardiner tummeln

sich im Wasser. Ihr Leitwolf gesellt sich zu mir. Banker ist er. Geschieden. Einmal. Lächerlich. Da bin ich ihm einen Schritt voraus. Hier findet er seine tägliche Idylle. Wir reden uns fest. Er erzählt von einem Radelausflug in die Pyrenäen. Das ist aber schon eine Weile und auch eine Scheidung her. Als er geht, bin ich nach einem heißem Tag zu faul zu kochen. Ein Flusskreuzfahrtschiff versenkt mich fast. Gegenüber legt ein Frachter an: Industrieidylle mit Sonnenuntergang hinter rosaroten Schleierwolken. Im Gegensatz zum Niederrhein geht es hier provinziell zu. Der Rhein schwappt in der Dämmerung gemütlich an das sandige Ufer.

Am nächsten Tag erreiche ich das Kernkraftwerk Biblis. Der Radweg geht alternativ östlich über das Betriebsgelände des Kernkraftwerk Biblis. Das ist ein Hochsicherheitstrakt. Der Verfassungsrechtler Roßmann hat daher vor zwanzig Jahren schon die Frage aufgeworfen, wie demokratieverträglich der Umgang mit der Urantechnologie ist. Am 16.Juli 1974 wurde in Block A die erste Kernreaktion eingeleitet. Möge das Ende nahe sein. Der Pförtner grüßt freundlich im Mannheimer Dialekt. Möge er einen neuen Arbeitsplatz finden. Ich verlasse das futuristische Ensemble aus Mohrenköpfen und Alessi-Töpfen mit dem Gedanken daran, dass dies hier bald Vergangenheit sein wird. Tatsächlich wendet sich später unsere Kanzlerin. Nicht nur in Gießen haben wir das gefeiert. Erwähnenswert an der Strecke danach ist das Naturschutzgebiet *Kühlkopf*. Das ist nicht spektakulär, hat aber viel Auenwald. Dahinter erwartet mich Kornsand - eine Ansammlung von wenigen Häusern. Seine aufregendsten Tage hat der Ort hinter sich. Hier ist der Zeppelin auf seiner ersten größeren Fahrt notgelandet. Überregional bekannt wurde der Kornsand im Jahre 1908, als der Zeppelin LZ 4 hier notlanden musste. Zur Erinnerung an diesen Vorfall wurde in Trebur ein Denkmal errichtet. Damit hat sich die kleine Gemeinde ohne größere Anstrengung einen Platz in den Geschichtsbüchern gesichert. Weniger stolz dürfte die Gemeinde auf das sein, was hier in den letzten Tagen des zweiten Weltkrieges passierte. Aber auch daran hatte die Gemeinde keinen Anteil. In den letzten Kriegstagen wurden auf dem Kornsand, gegenüber Oppenheim und Nierstein, sechs Menschen von der Rheinfähre geholt und von einem jungen Wehrmachtsleutnant brutal ermordet. Ihnen zu Ehren wurde später ein Gedenkstein aufgestellt.

Heute ist die Gegend eine Idylle. Kleine Sandbuchten verstecken sich hinter Hecken. Leider sind alle bewohnt. Unterhalb des Zeppelindenkmals ist auf einem etwas größeren Strand noch etwas Platz zwischen drei aufgetakelten Mädels und einer Familie mit hyperaktivem Sohn. Kurz vor Sonnenuntergang kommt eine Gruppe mit Angelgerät. Der Angler kommt aus Dresden, arbeitet aber in der Nähe. Seine beiden Begleiterinnen haben mit seinem Hobby nichts am Hut und genießen lieber die Idylle. Später erzählt er, daß er *„auf Aale geht"*. Gerne hat er es auch eine Nummer größer. Stolz zeigt er mir auf dem Display einen Wels, den er gefangen hat.

Der Aal überlebt, indem er andere daran hindert. Er schmeckt selbst auch nicht schlecht. Das ist inzwischen ein großes Problem für ihn. Die Japaner wiegen ihn mit Gold auf, die Europäer verachten ihn auch nicht - vorzugsweise geräuchert. Er ist seit dem Miozän ein guter Überleber gewesen. Inzwischen machen ihm Gewässerverbauung, Schwermetalle und Nematoden das Überleben schwer. Der Wels – ein außerirdisches Wesen - hat es da etwas leichter. Überlebt er seine Midlifecrisis, stehen seine Chancen nicht schlecht, in Würde zu altern. Im Übrigen, so erzählt es mein neuer Freund, taugt er dann ohnehin nur noch zur Frikadelle. Der Wels ist ein Fisch, der aussieht, als sei er nicht von dieser Welt. Es ist sein Kopf, der diesen Eindruck erweckt. Er macht ein fünftel der Körperlänge aus. Dazu ist er breit und macht den Eindruck, durch eine Schrottpresse gegangen zu sein. Im Kopf sitzen Knopfaugen. Damit sieht er allerdings nicht viel. Zur Orientierung dienen ihm die Barteln und seine großen Nasenöffnungen. Dazu hat er ein beängstigend großes Maul mit fleischigen Lippen. Kein Wunder, daß der Wels einen miserablen Ruf hat. Ihm wird sogar nachgesagt, sich ab und zu einen unserer treuen Freunde zu schnappen. Dafür wurde Kuno im niederrheinischen einen ganzen Sommer gejagt. Die Medienwelt liebt solche Geschichten. Ob sich der Wels im Volksgartenweiher bei Mönchengladbach tatsächlich einen Dackel geschnappt hat, wird wohl nie aufgeklärt werden.

Meine kleine Wohngemeinschaft löst sich am nächsten Morgen ohne Abschiedstränen auf. Der heißeste Tag des Jahres erwartet mich. Ich gebe meinem Drahtesel daher früh die Sporen und fahre durch die noch milchig-diesige Hessenaue. Bereits am frühen Morgen ist es schon heiß. Ich fahre Richtung Trebur. Die Gemeinde wurde 829 zum ersten

Mal in einer Urkunde König Ludwigs des Frommen erwähnt, dem Sohn von Karl. Seit dem 9. Jahrhundert stand in Trebur eine Königspfalz. Aus der Zeit zwischen 829 und 1077 sind 57 Königsaufenthalte und einige Reichstage bekannt. König Heinrich IV. war besonders mit Trebur verbunden. Hier wurde er zum König gewählt, hier heiratete er. Hier zwangen ihn die Fürsten, seinen Konflikt mit dem Papst beizulegen - was den *„Gang nach Canossa"* zum Ergebnis hatte. In der Folge verlor Trebur seine Bedeutung als Königshof.

Auf der Pfälzer Rheinseite tauchen die ersten Weinberge auf. Bald liegt Ginsheim-Gustavsburg vor mir. Die Gemeinde gehörte in der ersten Hälfte des 20ten Jahrhunderts fünfzehn Jahre zu den rechtsrheinischen Stadtgebieten der Pfälzer Landeshauptstadt Mainz. Sie liegt im sogenannten Mainspitz-Dreieck zwischen Rhein und der Mündung des Mains. Die Rheinauen und der Altrhein bei Ginsheim sind beliebt bei den gestressten Stadtbewohnern des Ballungsgebiets. Auch am Main finden sich kleine Fluchten. Unter der Mainbrücke, die ich gerade überquere, ist ein kleines St. Tropez entstanden. Kinder spielen im Wasser, erwachsene sonnen sich auf bequemen Liegestühlen.

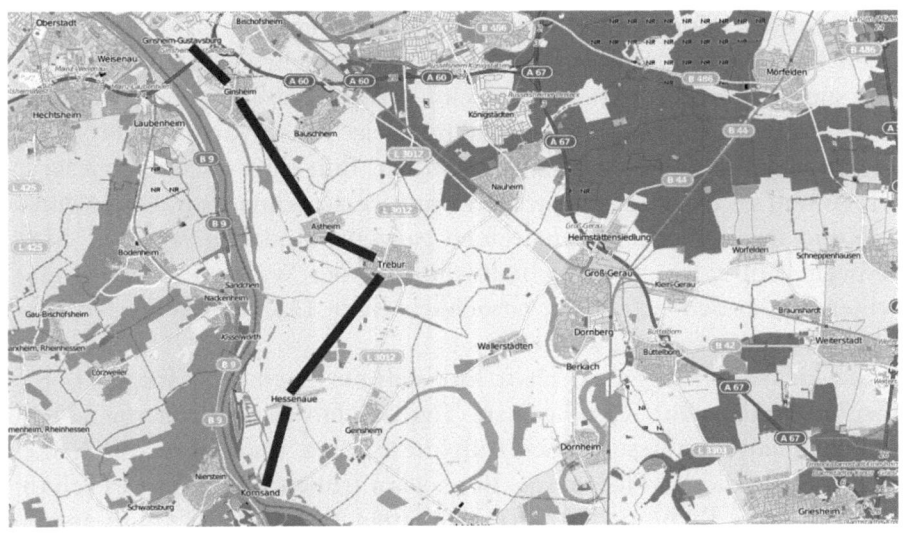

Wiesbaden
Jonny Cash vor dem Landtag

Die Mainspitze ist kein aufsehenerregender Ort. Sie wird von einer Eisenbahnbrücke dominiert, hinter der linksrheinisch ein 70er Jahre Betonklotz sicherstellt, dass beim Betrachter mit an Sicherheit grenzender Wahrscheinlichkeit keine romantischen Gefühle aufkommen. Das erste, was ich von Wiesbaden zu sehen bekomme, sind Stadtteile von Mainz. Jedenfalls waren sie das bis zum Ende des zweiten Weltkriegs. Inzwischen dürften die Mainzer alle Hoffnungen aufgegeben haben, ihre ehemaligen rechtsrheinischen Stadtteile Amöneburg, Kastel und Kostheim (kurz AKK) jemals zurückzubekommen. Ortsfremde werden daher weiterhin mit den irritierenden Ortsschildern leben müssen: *„Landeshauptstadt Wiesbaden – Stadtteil Mainz-Kastell"*. Sie waren bereits kurz nach Kriegsende abgetrennt worden. Mainz lag in der französischen, Wiesbaden und die AKK in der amerikanischen Zone. Als General Dwight D. Eisenhower mit der Proklamation Nr.2 der amerikanischen Militärregierung vom 19. September 1945 das Land Groß-Hessen (heutiges Land Hessen) schuf, verlor Mainz seine *„Brückenvorstadt"* endgültig. Auf der Franziska-Retzinger-Promenade stehen die Kinderwagen im Stau. Wiesbaden hat frei. In der Petersaue hat *plant-for-the-planet.org* fünfhundert Bäume gepflanzt. Hinter der schattigen Platanenallee spielen Kinder in den Vorgärten einer Siedlung. Wenig später lädt ein breiter Sandstreifen bei fast vierzig Grad zum Verweilen ein. Ich lege mich für ein Viertelstündchen in den Rhein. Das örtliche Prekariat hat den idyllischen Ort bereits lange vor mir entdeckt und feiert mit billigem Fusel den Sonnentag. Es verabschiedet mich mit *„Machs gut Jesus."* – wohl der Schlappen und der Mähne wegen.
Je näher ich der Stadtmitte komme, desto intensiver glüht der Asphalt – noch ein paar Grad, und er schmilzt dahin. Im Zentrum erwarten mich die *„Rheingauer Weinwochen"*. Wiesbaden hat Ferien. Der Weinhof Martin hält das Portal des Hessischen Landtages besetzt um sicherzustellen, dass auch wirklich niemand heute arbeitet. Zwei ältere Damen – typische Wiesbadener Ministerialratswitwen – geben sich dem feinsäuerlich-fruchtigen Rheingauer Riesling hin. Die Countryband macht gerade Pause. Gut so.

Wiesbaden ist eine der wenigen deutschen Großstädte, deren Innenstadt die Bombenangriffe des Zweiten Weltkriegs überlebt hat. Das war schlechtem Wetter zu verdanken. Anfang Februar 1945 fand die Staffel ihr Zielgebiet nicht. Dennoch starben fast sechshundert Wiesbadener.

Wiesbaden wirkt mondän. Kein Wunder. Es ist eines der ältesten Kurbäder Europas. Bereits die Römer kannten und nutzten die heißen Quellen der Stadt. Es entstand eine römische Siedlung mit dem Namen *Aquae Mattiacorum*. Im Hinterland des Limes, gegenüber dem Legionslager Mogontiacum (Mainz), konnte sich im 2. Jahrhundert n. Chr. eine bedeutende Zivilsiedlung entwickeln. Im Jahre 828/830 erwähnte Einhard, der Biograf Karls des Großen, erstmals den Namen *Wisibada (das Bad in den Wiesen)*. Voilá! Und schon ist die Namensherkunft geklärt. Später wurde die Stadt zum *Nizza des Nordens*. Kaiser Wilhelm II. kam hierher zur Sommerfrische – was ihr auch noch die Bezeichnung *Kaiserstadt* einbrachte. Zahlreiche Adlige, Künstler und wohlhabende Unternehmer wurden davon angezogen. Es entstanden Prunkbauten wie das Kurhaus und das Hessische Staatstheater. Henkell braut hier bis heute deutschen Champagner. Natürlich darf sich die Brause so nicht nennen. Gegründet wurde die Firma jedoch in Mainz. Erst 1909 zog sie in das Henkell-Schlösschen in Wiesbaden-Biebrich um. Damit war sie ganz nah bei ihren Kunden. Zum Beginn des 20. Jahrhunderts gab es nirgendwo in Deutschland mehr Millionäre.

Vom Zentrum geht es endlos bergauf nach Bierstadt. Ich fantasiere von den kühlenden Fluten des Rheins, von denen ich mich immer weiter entferne. Hinter den letzten Häusern beginnt Agrarland. Vor Igstadt sehe ich, dass ein Gewitter im Anmarsch ist. Über den R 6 fahre ich das Wäschbachtal hoch. Eine Schutzhütte käme mir jetzt gelegen. Erst in Kloppenheim, an einem mit Obstbäumen bewachsenen Südhang mit Blick auf das Rhein-Main-Gebiet, finde ich eine Bank, die im Schutz einiger Bäume steht. Optimal ist das nicht, doch könnte es schlimmer kommen. Offensichtlich liegt mein auserwählter Lagerplatz an einem Bikerrennweg. Reiterinnen und griesgrämige Obstbauern besiedeln das Biotop ebenfalls. Der Himmel ist im Westen inzwischen tiefschwarz geworden. Ich beschließe, mein Biwakzelt aufzubauen. Hinter einem Gartenzaun, am Rand eines schmalen Weges, der gänzlich mit Gras bewachsen ist, beginne ich, mein Vorhaben in die Tat umzusetzen. Plötzlich schnaubt es hinter meinem Rücken. Erschrocken drehe ich

mich um. Eine Gruppe Reiterinnen steht wenige Meter vor mir. Gruß-los drehen sie um, ehe ich mich dafür entschuldigen kann, dass mein Nachtlager auf ihrem Reitweg steht. Als ich später in meiner Höhle liege, macht es *„Klop-Klo-klü-kjück"*. Ein Grünspecht holt sich einen spä-ten Snack. Man findet ihn in allen Höhenlagen Hessens.

Noch vor dem Morgengrauen rumst es. Die Gewitterfront hat Klop-penheim doch noch erreicht. Den Namen erhielt Kloppenheim bereits zu fränkischer Zeit. *Clopheim* bedeutete *"Wohnsitz am Felsen, an der Anhö-he"*. Frankengräber sind Zeugen einer Besiedlung bereits im 6. und 7. Jahrhundert. Nach dem Ort wurde sogar eine Apfelsorte benannt: der *Kloppenheimer Streifling*. Auch hier hat die jüngere Geschichte Spuren hinterlassen. Am 22. März 1945 wurden im Dorf drei sowjetische Kriegsgefangene erschossen. Die Nazis wollten vertuschen, dass einer von ihnen misshandelt wurde. Sechs Tage später rückten die Amerika-ner ein.

Taunus
Vom Idsteiner ins Limburger Becken

Nach dem Gewitter krieche ich schlaftrunken aus meinem Schlauch in das nasse Gras. Eingewanderte Nacktschnecken hauchen ihr Leben unter meinen Handflächen aus. Das muss ich nicht jeden Morgen haben. Der Himmel ist bedeckt. Im Nieselregen schleppe ich meine Habseligkeiten rüber zur Bank. Die steht unter einem Baum und gibt wenigstens ein bisschen Schutz. Von dem herrlichen Blick ist wenig übriggeblieben. Bei diesem Mistwetter trauen sich nichtmal die üblichen Verdächtigen hinterm Ofen hervor. Warum tue ich mir das an? Gute Frage. Nächste Frage. Nach einem starken Kaffe fühle ich die Lebensgeister wieder kommen. Koffein ist eine tolle Erfindung - und dazu heute in unserem Kulturkreis ein legales Aufputschmittel. Noch. Durch Obsthaine fahre ich weiter. Hinter dem Dorf haben die braven Bürger von Kloppenheim einen Freizeitplatz gebaut. Wäre ich doch Gestern nur noch ein paar Meter gefahren! Danach erwartet mich dunkler Wald im Überfluss – fast ein Drittel der Wiesbadener Stadtfläche ist bewaldet. Ein Schotterweg führt hindurch. Allerdings gibt es auch über dessen Wipfeln keine Ruh. Fluglärm begleitet mich wie bohrender Zahnschmerz. Der R 6 führt mich über Heßloch und Erbsenacker weiter nach Naurod (*neue Rodung*). Bei Naurod kommt, damit es nicht langweilig wird, zum Fluglärm der Autobahnlärm hinzu. Die Siedlung gehört noch zu Wiesbaden. Am Rudolf-Dietz-Platz erhole ich mich von der Schotterpiste. Hier steht zu Ehren des Namensgebers ein Denkmal. Es gibt eines seiner im nassauischen Dialekt geschriebenen Mundart-Gedichte wieder: *„Hot des Huhn e' Ei verlurn / duht's als noch der Antwort suche: 7 Huhn eich jetz e Kind geburn / oder gibt's's en Pannekuche?"* Der im Kaiserreich sozialisierte Heimatdichter bekam 2004 posthum von Prof. Steinbach für schlappe fünftausend Euro bestätigt, im sogenannten Dritten Reich nur ein Mitläufer gewesen zu sein. Er sei das *"Produkt der antisemitisch geprägten hessisch-nassauisch-preußischen Kultur"* gewesen. Zwar habe er der NSDAP angehört, aber nicht als *"alter Kämpfer"*, sondern als Angepasster. Seine *"monarchistische und dynastische Orientierung"* müsse vor diesem geschichtlichen Zusammenhang gesehen werden. Im April 1933 trat Dietz, mit 70 Jahren, in die NSDAP ein. In einem Gedicht bejubelt er die Machtergreifung Hitlers in seinem 1936 veröffentlichten Gedicht *"Reichslied"* und beschwört die Einigkeit *"unterm Hakenkreuz"*. Die beiden letzten Zeilen der Propaganda-Reime: *"Nie mehr trennt ein fremder Keil, uns're Treuschar. - Hitler Heil"*

In Naurod geht es wieder bergauf. Am Wilhelm-Kempf-Haus, dem Tagungs- und Bildungshaus des Bistums Limburg mit Feldbergblick, habe ich zu Referendarzeiten eine entspannte Woche verbracht, in der ich lernte, ab wann – wie damals in den Dörfern vielfach vorzufinden – die Sammlung schrottreifer Mähdrescher, Traktoren und Altautos abfallrechtlich genehmigungspflichtig sei. Es sind dies Probleme von Gestern. Die Kreisstrasse nach Niedernhausen ist gegen Mittag stark befahren. Der Feldberg liegt vor mir im Dunst.
In Idstein regnet es junge Hunde. Ich rette mich unter einen Torbogen. Den Radweg habe ich im Gewirr der Gassen verloren. Als der Regen aufhört, statte ich der örtlichen Touristik-Information einen Besuch ab. Die freundliche Dame schickt mich ins Hochgebirge, wo mich ein *Alm Öhi* von ihrem fatalen Irrtum oder wahlweise meinem Unvermögen, ihrer Wegbeschreibung in der Realität zu folgen, befreit. Der Mann steckt in einem Blaumann, hat einen hutzeligen Schlapphut auf – und sein Gesicht besteht weitgehend aus Vollbart. Wie ich mich aus diesem Kaff herausschaffen könne, frage ich ihn leidlich erschöpft und megagefrustet. Der flapsige Umgang mit seiner Heimatstadt gefällt ihm überhaupt nicht. Er raunzt mich im örtlichen Dialekt an - den ich Gott sei Dank nicht verstehe. Ich rudere zurück und belobhymne Idstein, was mir nicht schwerfällt. Danach schlägt er sanftere Töne an. Er sieht vor sich einen Mann in Not. Das weckt sein Spiegel-Gen. Nachdem er mir den Weg erklärt hat, sind wir fast Freunde.
Hinter Idstein geht es zunächst bergauf. Bei Walsdorf wird es flacher. Hier beginnt der *Goldene Grund*. Der volkstümliche Name geht auf die lößbedeckte und daher fruchtbare Ackerlandschaft des Tales zurück. Das Sedimentgestein wurde im Eiszeitalter während der Kaltzeiten aus den durch die Armut an Vegetation ungeschützten Böden vom Wind ausgeblasen und an geschützten Stellen wieder abgelagert. Die fruchtbare Landschaft endet erst im Limburger Becken. In Bad Camberg überhole ich eine Joggerin, deren blonder Schweif lustig hinter ihr herpendelt. Sie läuft allerdings wie die Meisten: als müsse sie den Boden

stampfen. Dabei ist der Radweg geteert. Wenn sie das noch lange so treibt, wird sich einer aus der Zunft der Orthopäden davon ein Apartment auf Mallorca ansparen können. Ich überhole sie und fahre weiter nach Oberselters. Es umgibt mich eine typische hessische Mittelgebirgslandschaft. Strahlend blauer Himmel begleitet mich inzwischen. Die Regenfront ärgert inzwischen andere.

Zwischen Ober- und Niederselters sprudeln die legendären Mineralquellen. Hier kommt *DAS Selters* aus der Tiefe – nicht irgendein Sprudel. Hier wurde das Blubberwasser Kult. 1784 brach in Oberselters eine Mineralquelle auf, was zum Rückgang der Wassermenge an den älteren Quellen im benachbarten aber kurtrierischen Niederselters führte. In den folgenden Jahren kam es zunächst zu schriftlichen Auseinandersetzungen zwischen den beiden Fürstentümern. 1794 ließ Kurtrier eine achthundert Mann starke Militäreinheit mit zwei Kanonen vor Oberselters aufmarschieren und erzwang so das Zuschütten der Oberselterser Quelle. Nachdem beide Orte 1803 in das Herzogtum Nassau eingegliedert wurden, öffneten die Oberselterser ihre Quelle wieder, was erneut Auseinandersetzungen zwischen beiden Orten auslöste. Im folgenden Jahr musste Oberselters die Quelle wieder schließen. Erst seit 1870 wird dort fortgesetzt Mineralwasser gewonnen und vermarktet.

Lahntal
Napoleon, eine Basilika und ein Dom

Papst Gregor der Große wies im Jahr 601 die Missionare an, die beim Volk verehrten alten heidnischen heiligen Stätten zu schonen. Man solle diese Orte mit Weihwasser besprengen, dort Altäre aufstellen, Kapellen errichten und Reliquien hineinlegen. So kam Dietkirchen zu einer Basilika. Vorher befand sich auf dem Kalkfelsen ein heidnischer Kult- und Versammlungsort. In der romanischen Stiftskirche ruhen die Gebeine von St. Lubentius, um den sich viele Legenden gebildet haben. Wahrscheinlich sind die sterblichen Überreste schon vor 841 von Kobern an der Mosel nach Dietkirchen überführt worden. Zu Füßen des Felsens liegt der Bootsrastplatz – mein Nachtlager für heute. Daneben steht ein Freigehege für Gänse und allerlei sonstiges Getier. Die örtliche Gänseliesel ist ein in die Jahre gekommenes Mädchen. Sie treibt die schnatternde Meute zur Nacht in die Hütte, während ich die Sitzgarnitur in Beschlag nehme. Ich koche vor mich hin. Später setze ich mich an den Bootsanleger und schaue der Lahn beim fließen zu. Im Gegensatz zu Siddharta habe ich ein Glas Rotwein in der Hand.

Vasudeva nimmt bei mir die Gestalt eines Rudersportlers an, der nicht nur nicht in Erwägung zieht, mich als Gehilfen anzunehmen, sondern mich vollständig ignoriert. Ob er ein Erleuchteter ist, der mich lehren könnte, dem Fluss zu lauschen um von ihm zu lernen, werde ich nie erfahren. So ist das Leben in der modernen Zeit. Achtlos leben wir aneinander vorbei, jeder in seinem eigenen Leben gefangen. Wie viel könnte Kommunikation, wenigstens ein bisschen gegenseitige Aufmerksamkeit, daran ändern! Vielleicht treffe ich ihn irgendwann Mal wenigstens in der virtuellen Welt von *facebook*. Am nächsten Tag radele ich durch das schmale Runkeler Lahntal nach Limburg. Dieses friedliche Tal hat eine kriegerische Vergangenheit. Im August 1796 trafen Napoleons Truppen hier auf die Österreicher. Übrig geblieben sind Schanzanhäufungen der Österreicher auf dem Greifenberg Und unterhalb des Giebels am Haus Wilhelmstra9e 28 in Dietkirchen hängt angeblich eine Kanonenkugel. Die Nordarmee im ersten Koalitionskrieg zog sich zurück, nachdem sie bei Würzburg geschlagen wurde. Die Franzosen wollten die Österreicher in die Zange nehmen. Allerdings

ging ihnen das Pulver aus. Dumm gelaufen. Auch die Gewehr- und Kanonenrohre waren bereits ziemlich ausgeleiert. Immerhin waren sie schon ziemlich lange unterwegs.

Limburg, auf das ich nun zufahre, war einmal Hauptstadt. Das Schicksal teilt es mit Bonn. Der *Freistaat Flaschenhals*, dem die Provinzmetropole vorstand, wurde nach dem ersten Weltkrieg ausgerufen. Patrizierhäuser erinnern an den Wohlstand der Händler. Vor dem Bahnhof in Limburg ist Markt. Der Bahnhofsvorplatz ist ein architektonisches Desaster. Wer hier ankommt, möchte nicht hier angekommen sein. Dass sich dahinter – immer schnurstracks geradeaus – eine entzückende Altstadt verbirgt, ahnt man hier mitnichten.
Weit und breit wieder Mal kein Radwegschild. Hilfe, ich bin Radler – holt mich hier raus. Örtliche Ordnungskräfte wissen auch nicht wirklich weiter. Allerdings muß ich nicht lange suchen, bis ich auf Leidensgenossen treffe. Sie irren auf einer Kreuzung herum und nennen mich junger Mann. Mehr haben sie mir allerdings nicht zu bieten. Also suche ich weiter. Eine Viertelstunde später finde ich den Wegweiser nach Hadamar, verdeckt von einem Reisebus.

Westerwald
Unter Wällern

„In dem schönen Westerwald / Ja da pfeift der Wind so kalt." Vorerst suche ich noch einen Weg aus dem Lahntal, in dem sich heute die Hitze staut. Hinter Staffel führt der Weg an der ICE-Trasse entlang. In Elz verirre ich mich erneut. Es gibt Orte, die mich offensichtlich verwirren. Zu allem Überfluss beendet ein Knall mein Fahrvergnügen. Mein Hintern landet unsanft auf dem Hinterrad. Der Sattelstift ist gebrochen. Ich bastele eine abenteuerliche Notlösung und wackele nach Hadamar. In der Kleinstadt sind am frühen Samstagnachmittag die Bürgersteige bereits hochgeklappt. Ohnehin gibt es hier keinen Radlerladen. Vor mir liegt der Westerwald - nicht unbedingt bekannt durch Metropolen. Herborn und Dillenburg - die nächsten größeren Siedlungen - liegen bereits im Dilltal. Tatsächlich werde ich erst in Dillenburg fündig. Als ich dort den Radlerladen betrete, bin ich von glänzenden, blinkenden, sauteuren Bikes umgeben. Hilfe. Ich will doch nur eine Schraube für wenig mehr als einen Euro! Freundlich - aber bestimmt - erklärt mir der Verkäufer, die müsse er erst bestellen. Ich habe nicht vor, die Gastfreundschaft der Dillenburger überzustrapazieren. Also hilft nur noch der Baumarkt. In Dillenburg fällt er eher krämerladenmäßig aus und liegt in einer Seitengasse. Dessen Besitzer ist zunächst nicht wirklich begeistert von meinem Problem, da es viel Arbeit für wenig Geld verspricht. Sein Spiegelgen setzt sich jedoch durch. Ein Hoch auf die Evolution und ihre Errungenschaften! Mit einer Schieblehre und den Rudimenten meiner Schraube verschwindet er in den Tiefen seines Lädchens. Bange Minuten folgen. Tatsächlich kommt er mit einer passenden Schraube zurück. Zusammen montieren wir, was zusammen gehört. Ein Jahr später werde ich auf der Schwäbischen Alb allerdings feststellen, dass wir dabei einen kleinen Fehler gemacht haben. Aber das ist eine andere Geschichte. Für seine Dienste stellt er mir nur einen kleinen Obolus in Rechnung. Im Überschwang des Hochgefühls fange ich eine Konversation an – zuvor verlief unser Beisammensein weitgehend ohne Ton. Ob er meinen Schwager, den Bäcker Wettlaufer, kenne? Die Antwort kommt eher unverständlich, jedoch nicht ohne deutliche Botschaft. Ich verstehe – und mache mich vom Acker.

Reset. Zurück in den Westerwald. Die Fahrt über seine Höhen ist unter den gegebenen Bedingungen nicht vergnügungssteuerpflichtig – möglicherweise aber einen Eintrag ins Guinessbuch wert. Am Abend erreiche ich kurz vor Mengerskirchen einen kleinen See. Der Seeweiher ist einer der ältesten Stauseen in Hessen. Er wurde bereits 1452 aufgestaut und ist immerhin dreizehn Fußballfelder groß. Am Ufer tanzen im Gegenlicht die Mücken in der untergehenden Sonne, die sich gleißend im Wasser spiegelt. Das Kindergeschrei vom Strandbad am gegenüberliegenden Ufer hallt gedämpft zu mir hinüber. Nur der Autolärm von der Kreisstraße stört die Idylle. Kurz vor Sonnenuntergang bekomme ich Gesellschaft. Der Spaziergänger ist passionierter Radler und erzählt mir von seinem letzten Dänemarkausflug. Danach wünscht er mir Mast- und Schotbruch – wie eng er damit an der Wahrheit ist, verrate ich ihm nicht.

In der Nacht funkeln die Sterne um die Wette. Der Morgen beginnt jedoch verschattet. Im Frühdunst, der über den See wabert, bewegen sich Schatten in den kleinen Buchten am Ufer. Angler sind Frühaufsteher. Vermutlich lagere ich am Lieblingsplatz einer der Ihren. Sorry – auf diesem Wege nachträglich. Kaum habe ich mich aus dem Biwaksack geschält, nimmt die zweite Charge der Frühaufsteher das Seeufer in Besitz: die Jogger und die Hundebesitzer. Meine Mutter macht sich fürchterliche Sorgen, wenn ich angeblich mutterseeelenallein in der Weltgeschichte herumturne. Hallo Mutti – nirgendwo ist mehr los als draußen!

Zum Marktflecken Mengerskirchen geht es bergauf, dann hinunter mit „Hui!" – und schließlich wieder bergauf. Der Westerwald ist ein ordentliches deutsches Mittelgebirge. Das ewige Hoch und Runter gehört zu seinem Markenkern. Am Ortsende des unspektakulären Dorfes ist der Anglerclub – sofern er nicht am eben verlassenen Teich hockt - bereits beim sonntäglichen Frühschoppen. „*Bässä de Bärg enab!*" ruft es mir bierselig hinterher. Das übersetze ich frei mit „*Viel lieber wäre es Ihnen wohl, es ginge hier bergab. Stattdessen müssen Sie sich den Berg hinaufquälen. Wir leiden mit ihnen – und amüsieren uns prächtig, Ihnen beim Schwitzen zuzusehen!*" Der *Wäller* braucht nicht viele Worte. Ohnehin werden sie hier oben schnell vom Winde verweht.

Hinter Mengerskirchen verläuft der Radweg entlang der *Alten Rheinstraße* – vorbei am Knoten, der es auf etwas über sechshundert Meter

bringt. Der Blick ist gigantisch – wenn man Mittelgebirge mag. Er geht bis zum Feldberg im Taunus – der in der Ferne jedoch winzig wirkt. Ein Schaafzüchter werkelt an seinem Elektrozaun herum, um seine friedlichen Grasfresser an Ausflügen in die Umgebung zu hindern. Als er mich kommen sieht, unterbricht er seine Arbeit für einen kurzen Smalltalk. So, so – nach Dillenburg wolle ich es heute noch schaffen? Das scheint für ihn auf einem anderen Kontinent zu liegen. Jedenfalls bezweifelt er, dass ich es heute noch dorthin schaffen werde. Er sollte nicht Recht behalten.

Hinter dem Knoten erreiche ich Driedorf. Der Ort ist während der letzten großen Landesausbauphase entstanden. Die innere Kolonisation hatte die Erschließung und Besiedlung bis dahin siedlungsleerer oder siedlungsarmer Regionen innerhalb bereits besiedelter Gebiete beabsichtigt. Von dort rolle ich entspannt ins Tal der Dill.

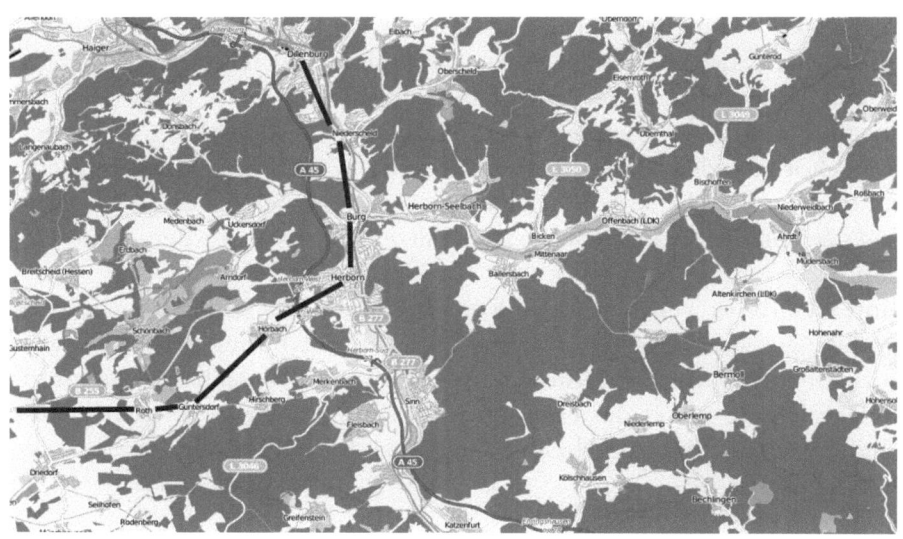

Dilltal
Wie die Dillenburger Holland befreiten

Bei Hörbach erreiche ich das Dilltal. Das macht sich vor allem durch ein Grundrauschen bemerkbar, dass von der Autobahn kommt, die sich am Westhang des Tales von Wetzlar nach Siegen und weiter Richtung Ruhrgebiet („Sauerlandlinie") zieht. Zu sehen ist von ihr wenig. Sie verläuft meist im Wald, wo sie der lokalen Tierwelt ein unerwünschtes Rund-um-die-Uhr-Konzert gibt. Das erste, was ich von Herborn sehe, ist ein Gewerbegebiet. Dessen Parkplätze werden heute – es ist Sonntag – von Inlineskatern bevölkert.

Kurze Zeit später wird es romantischer. Herborn hat das, was Reiseführer eine *pittoreske Altstadt* nennen. Es ist allerdings kein Disneyland, wie die oft verwendete Bezeichnung *Nassauisches Rothenburg* vermuten lassen könnte. Die Stadt an der Dill war einmal Hochschulstadt. 1584 wurde hier die *Academia Nassauensis* gegründet. Die *Hohe Schule Herborn* blieb eine Zwerghochschule. Hier kannte jeder jeden. Das ist in Zeiten überfüllter Hörsäle kaum noch vorstellbar. Nie mehr als vierhundert Studenten lernten hier. Ihre Winzigkeit stand in krassem Gegensatz zu ihrer Bedeutung. Die Kaderschmiede wurde zur wichtigsten Bildungsstätte der Kalvinistisch-Reformierten in Europa. Im lutherisch geprägten Hessen – nur Fulda ist in Hessen wirklich katholisch, dass aber inbrünstig und dogmatischer, als es die Bayern und Rheinländer jemals waren - bildete das obere Dilltal eine Enklave. Bis heute prägt der Calvinismus viele Menschen zwischen Herborn und Dillenburg. Wer hier dazugehören will, darf kein fanatischer Anhänger der römisch-katholischen Kirche sein. Ich glaube nicht, dass es jemals einen aus dem *Fuldischen* hierher verschlagen hat. Schlitzer hingegen werden gerne genommen.

Hinter Herborn verhübscht eine Schnellstraße das Dilltal. Sie ist ein Produkt der autoversessenen Jahre, in denen der Individualverkehr zur Gottheit wurde, der Altstädte und unberührte Tallandschaften geopfert wurden. Heute mutet das eher prähistorisch an. Wer in solchen Landschaften leben muss, der braucht keine esoterische Hölle – er hat sie bereits im Diesseits.

Die Schnellstraße endet erst hinter Dillenburg. Die Stadt zwischen Westerwald und Schelder Wald war der Stammsitz des oranischen Zweigs des Hauses Nassau. Hier wurde Wilhelm von Oranien geboren – Freiheitsheld und Stammvater des niederländischen Königshauses. Ursprünglich von Philip II. von Spanien zum Statthalter ernannt, musste er nach dem *Beeldenstorm* fliehen. Der Bildersturm fand in den nördlichen Provinzen der Niederlande statt. Protestanten zerstörten unter Hinweis auf das zweite Gebot alle Heiligenfiguren, derer sie habhaft werden konnten: *„Du sollst dir kein Bildnis noch irgendein Gleichnis von Gott machen, um ihn damit zu verehren"*. Daraufhin schickte Philip den Herzog von Alba. Der hatte eine ganze Armee dabei und errichtete ein Terrorregime. Erst Wilhelm von Oranien fegte ihn hinweg. Seine Truppen kamen aus dem hiesigen Raum. So kam es, dass die Dillenburger Holland befreiten. Bis heute sind die Holländer dafür so dankbar, dass sie immer wieder ihre Königin vorbeischicken, um das den tapferen Bürgern von Dillenburg persönlich zu sagen. Wilhelm musste seinen Einsatz mit dem Leben bezahlen. Er wurde am 10. Juli 1584 in Delft von dem katholischen Fanatiker Balthasar Gérard ermordet.

Ich bin nicht katholisch, darf also annehmen, hier einen sicheren Schlafplatz zu finden. Das Tal ist eng, die Hänge sind bebaut. So einfach ist das nicht. Ich fahre Richtung Norden aus der Stadt heraus, vorbei an dem nicht enden wollenden Firmengelände von ThyssenKrupp Nirosta, dem Weltmarktführer bei nichtrostenden Flachstahlerzeugnissen. Kurz vor Frohnhausen freunde ich mich mit einer Wiese an. Der Verkehr unter mir im Tal brummt mich in den Schlaf. Mitten im Traum brüllt jemand *„Leben Sie noch?"* - ein besorgter Bürger. Als ich halbwegs bei Bewusstsein bin, ist er schon weg. Die Wiese gleicht einem Sumpfgelände. Mit viel Mühe überrede ich mich, aus dem Biwak zu steigen. Gerne hätte ich abgewartet, bis die Sonne den Tau verdampft hat. Leider bin ich nun hellwach. Ich fahre zurück nach Dillenburg – der Schraube wegen. Eine Stunde später bin ich wieder in Frohnhausen. Früh genug, um mich überfahren zu lassen. Die jungen Frauen des Dorfes fahren heute Morgen einen zackigen Stiefel zusammen. Auf der kurzen Strecke durch das Dorf wäre ich beinahe drei Mal in den Asphalt gewalzt worden. Am Hochwasserrückhaltebecken Perlstausee hält mich ein Biker an. Er ahnt, dass ich nicht erst heute Morgen losgefahren bin. Ich erzähle ihm meine Geschichte. Dass ich heute noch zum

Edersee komme bezweifelt er. Recht wird er behalten. Tatsächlich werde ich in diesem Jahr überhaupt nicht mehr an den Edersee kommen. Und für heute ist am frühen Abend in Weifenbach für mich Schluss. Erstens: weil es hinter dem Ort steil nach oben geht. Zweitens: weil ich mich in dem Dorf filmreif auf den Asphalt gelegt habe, als ich zum Schieben absteigen will. Drittens: weil der Dorfverschönerungsverein einen Springbrunnen in den Wald gebaut hat, und wir beide uns vom ersten Blick an mochten. Es ist ein stiller Ort. Keine Autos, keine Flugzeuge – nur das muntere Plätschern des Springbrunnens. Ich halte meine wunden Füße in das eiskalte Wasser. Nie ging es mir besser: Waldeinsamkeit und eine Badewanne! Das könnte ich jeden Tag gebrauchen. Während ich vor mich hinträume, knattert ein Mofa an mir vorbei und kommt wieder zurück. Der zugehörige Fahrer trägt einen Blaumann, ist Pensionär und hat am Brunnen mitgebaut. Der springt, erklärt er mir, alleine auf Grund des Wasserdrucks. Das Wasser kommt vom nahen Bach – und geht auch wieder dorthin. Mehr Öko geht ja wohl kaum. Viele hier in der Gegend haben früher bei der Firma Meissner gearbeitet. Da haben wir das Projekt „*Mitarbeiterbeteiligung im betrieblichen Umweltschutz*" durchgeführt. Leider ging die Firma währenddessen in Konkurs. Der damalige Geschäftsführer verschwand mit Firmenwagen und Tresorinhalt. Und bei uns verschwand die Förderung durch das Wirtschaftsministerium. Später hatten wir eigene Existenzsorgen. Daher habe ich mich nicht mehr um den Fall gekümmert. Nun frage ich den Blaumann. Der Alte Meissner sei bereits vor Jahren gestorben, in der Firma arbeite kaum noch jemand. Im Übrigen gehe hier in der Gegend ohnehin alles den Bach runter. Und Deutschland sowieso. Genau. Von einer goldenen Zukunft im *Grünen Blaumann* will er nichts wissen.

Nordhessen
Vom Berg der Franken zurück ins Fuldatal

Im Morgengrauen rumst es gewaltig im Tal. Ich liege auf der falschen Seite des Unterstandes. Starkregen prasselt mir ins Gesicht. Ohne den Biwaksack zu verlassen schaffe ich mich mit raupenartigen Bewegungen aus der Gefahrenzone. Nach dieser Anstrengung gebe ich mir noch eine Runde Augenpflege aus. Danach bin ich so herrlich ausgeschlafen wie schon lange nicht mehr. Der Starkregen hat sich in Nieselregen verwandelt. Auch auf der Passhöhe hat der Dorfverschönerungsverein gewirkt. Inzwischen erobert sich die Natur den Festplatz wieder zurück. Ich rolle hinunter ins Edertal. Die Eder ist der sauberste Fluss Hessens. Am Ederkopf, wo sie entspringt, war ich vor zwei Jahren (*„Einmal Aachen und zurück – mit dem Rad rund um Nordrhein-Westfalen"*). Der Edersee, wo er aufgestaut wird, ist das Meer meiner Kindheit - immerhin ist er vollgelaufen fast dreißig Kilometer lang. Inzwischen hat er sich einen Nationalpark zugelegt. Dessen Gebiet ist unbesiedelt. Früher war es das Jagdgebiet der Fürsten von Waldeck, heute ist es die Wildnis von Morgen.

Ich folge der Eder bis Frankenberg. Bereits zu Zeiten Karl Martells, dem Vater Karls des Großen, wurde der gut zu verteidigende Berg durch die Franken befestigt. Er lag über einer Furt durch die Eder und spielte eine strategisch wichtige Rolle in den Sachsenkriegen. Nach der Unterwerfung und Christianisierung der Sachsen wurde die Festung überflüssig. Erst über dreihundert Jahre später tritt der Ort erneut aus dem Dunkel der Geschichte. Die Landgrafen von Thüringen zankten sich mit den Mainzer Bischöfen. Um ihren Machtanspruch auch über diesen Teil Hessens zu manifestieren, bauten sie eine Burg auf den Berg, die das ganze mittlere Edertal beherrschte. In deren Mitte legten sie einen Marktplatz. Das war keine dumme Idee, denn hier kreuzten sich wichtige Handelsrouten. Die Einwohner ihrer neuen Stadt holten sie sich aus den umliegenden Dörfern – die dann zu Wüstungen wurden. Nicht alle zogen freiwillig in die neue Stadt. Ich heute schon. Ich schiebe mich auf einer stark befahrenen Straße den Berg zur Altstadt hoch. Das ist eine völlig andere Welt. Am Spätnachmittag gehen hier am Obermarkt die Uhren deutlich langsamer als in der Unterstadt, wo

eine austauschbare Fußgängerzone auf Käufer wartet. Ich stehe vor dem Rathaus, dessen schieferbedeckte Giebeltürmchen nach dem Himmel greifen wie andernorts das nur Kirchtürme tun. Ich greife nicht nach dem Himmel, ich suche nur meinen Fernradweg zum Edersee. Am Untermarkt gibt es ein Tourismusbüro. Das verkauft auch Rundflüge vom nahen Flugplatz aus. Zufällig ist vor mir ein Pärchen dran, das einen Rundfluggutschein erstehen will. Genauer gesagt: einen Geschenkgutschein. Ehe sie die (Schwieger-)Mutti in die Kiste setzten, wollen sie den Bauplan der Piper bis zur letzten Schraube erklärt haben. Dafür ist die gutmütige Dame vom Tourismusbüro jedoch nicht ausgebildet. Aber sie versucht es nach bestem Wissen und Gewissen, statt die beiden vor die Tür zu setzen. Ich stehe mir unterdessen die Beine in den Bauch und mache mir Sorgen wegen der herannahenden Gewitterfront. Wenigstens lohnt sich das Warten. In Sachen Radwege kennt sie sich besser aus als mit Kleinflugzeugen. Kaum bin ich aus Frankenberg raus, dominieren tiefschwarze Wolken den Himmel. Die Front kommt direkt auf mich zu. Ich befinde mich auf freiem Feld. Bei Sonnenschein wäre der Rundumblick eine Pause wert gewesen. So aber habe ich wieder einmal den Tunnelblick. Der sucht vergeblich nach einem Unterstand. Da es bereits anfängt zu regnen, rase ich ins Tal hinunter nach Geismar. Kaum angekommen, öffnet der Himmel seine Pforten. Es fühlt sich an, als würde der Edersee über mir ausgeschüttet. Hinter einer Scheune presse ich mich gegen das Tor Gegenüber versucht ein Bauer, seine Heuernte ins Trockene zu bringen. Auf der abschüssigen Dorfstraße steht das Wasser handbreit. Aus den Kanaldeckeln spritzen Fontänen dem Unwetter entgegen, als ob sie sich gegen die Flut von oben verzweifelt wehren wollen. Der Bach neben der Scheune wird zum reißenden Wildbach. Die Show dauert nun schon eine gefühlte Ewigkeit. Langsam wird mir langweilig. Ganz gegen meine Gewohnheit habe ich schon zwei Zigaretten geraucht. Die gibt es normalerweise erst nach dem Abendessen. Eine weitere Ewigkeit später hört der Wolkenbruch abrupt auf. Ich quäle mich missmutig durch Äcker den Feldweg bergauf, vorbei an einem einsamen Gehöft. Der Himmel ist immer noch wolenverhangen und verspricht nichts Gutes. Tatsächlich fängt es später im Mühlental an der Orke hinter Ellershausen wieder an zu regnen. Der Waldweg ist ausgefahren, steil und glitschig. Um mich herum nichts als Bäume. Es wird schon langsam dunkel. Die Befürchtung, hier mitten im dunklen Wald fern jeder Siedlung übernachten zu müssen, treibt mich voran. Plötzlich gibt der Wald den Blick auf eine Wiese frei. Wenig später erreiche ich den höchsten Punkt des Waldweges. Am Waldrand hat jemand eine Bank für mich hinterlassen. Ich nehme das Angebot gerne an und schlage meine Hütte daneben auf. Es regnet immer noch. Mit Regenschirm, Blechnapf und Messer gleichzeitig jonglierend bereite ich mein Abendessen zu. Langsam wird es nicht nur richtig dunkel, sondern auch empfindlich kalt. Ein Bauer schaut nach seinen Weiden und kurz bei mir vorbei. Wir unterhalten uns übers Wetter. Zu mehr sind wir beide offensichtlich nicht mehr in der Lage. Durchgefroren krieche ich in den Schlafsack. Das hört sich einfacher an als es tatsächlich ist. Vor meiner Hütte hat sich ein Sumpf gebildet. Das Unwetter hat den Waldboden überfordert. Mit einer zirkusreifen Nummer schiebe ich mich in die nasse Röhre und falle wenig später in einen von Unwetterangstträumen durchzogenen unruhigen Schlaf.

Am nächsten Morgen hat der Regen aufgehört. Es ist nasskalt. Frankenau unter mir ist im Frühnebel kaum zu erkennen. Ich packe das nasse Zelt in den Rucksack und koche Kaffe. Mit dem warmen Becher in der Hand sitze ich auf der Bank und schaue einem Rehkitz beim äsen zu. Es ist kaum zehn Meter von mir entfernt. Nach unserem gemeinsamen Frühstück trottet das Tier zurück in den Wald und ich rolle hinunter nach Frankenau. Unten im Dorf steht die gestern ersehnte Schutzhütte. Dumm gelaufen. Während ich etwas verloren und orientierungslos auf einer Kreuzung herumstehe und die Karte mit meinen Blicken durchlöchere, erbarmt sich eine Dorfbewohnerin. Ob ich denn die Bundesstraße nach Bad Wildungen fahren könne, ohne überfahren zu werden, frage ich sie. Ich atme auf, denn sie bestätigt. Nach dem gestrigen Waldabenteuer ist meine Neigung gering, mich zum Edersee durchzuschlagen. Ich will nach Hause, wo ein warmes Bett auf mich wartet. Tatsächlich ist die Bundesstraße im Vergleich zu anderen bis Bad Wildungen relativ harmlos. In Löhlbach mache ich eine kurze Pause und schaue mir den Holzmeiler an. In dem Ort lebt man vom Holz und dessen Veredelung. Holz gibt es hier oben im nördlichen Zipfel Hessens genug. Selbst die Wartehäuschen sind aus ebensolchem.
Die Rast sollte bis Melsungen die letzte sein. Eigentlich hatte ich vor, gemütlich nach Kassel herunterzurollen, um dort auf dem Fuldaradweg

zurückzufahren. Der gestrige Tag steckt mir aber so tief in den Knochen. Ich verzichte auf den schönen Radweg, der mich durch Bad Wildungen und Fritzlar führen würde und fahre wie im Rausch bis Melsungen durch. Dort komme ich wieder zu Bewusstsein und stelle fest, dass der Rest unmöglich noch heute zu schaffen ist. Also schlendere ich durch Melsungen, die Stadt der *Bartenwetzer*. Viele Bewohner verdienten ihren Lebensunterhalt mit dem Schleifen der Werkzeuge, die die Waldarbeiter in *Waldhessen* – wie sich die Gegend heute nennt - für ihr Handwerk brauchten. Längst hat die Sonne wieder das Regime übernommen. Die Leute flanieren am Spätnachmittag durch die Straßen. Die Stimmung ist heiter und gelöst – auch meine. Die Straßencafes sind voll, auf den Bänken sitzen Leute und unterhalten sich angeregt. Ungern verlasse ich die Stadt Richtung Rotenburg. Dahin komme ich heute allerdings nicht mehr. Auf halber Strecke, bei Heinebach, macht mir ein Teich das Angebot, auf seiner Badewiese zu übernachten. Ich nehme es an. Mit den Füssen im lauwarmen See schaue ich der Sonne beim Untergehen zu. Ein blasser Silbermond löst sie ab. Bäume spiegeln sich im glatten Wasser, das der Mond dezent bescheint. Springende Fische modellieren kreisförmige Wellen in den Teich, als wollten auch sie einen Beitrag zur Idylle liefern. So viel Romantik ist kaum auszuhalten. Ich lege mich zum Schlafen hin.

In Rotenburg halte ich mich nicht lange auf. Meine Nostalgie-Tour hatte ich bereits vor Wochen absolviert. Dafür fahre ich diesmal nach Bebra hinein. Von der Stadt kenne ich bislang nur den Bahnhof. Er war während meiner Grundausbildung in einem Rotenburger Jägerbataillon für mich der Vorhof zur Hölle. Liebe Bebraer, nehmt es mir nicht übel: den Rest der Stadt ist auch nicht unbedingt geeignet zum Liebhaben. Ok, eure Großeltern hatten das Pech, an einem strategisch wichtigen Bahnknotenpunkt zu wohnen. Aber danach habt ihr Stadtregierungen gewählt, die aus dem zerbombten Ort ein architektonisches Desaster machten. Das hatte keine Zwangsläufigkeit. Selbst das ebenfalls im Zweiten Weltkrieg völlig zerstörte Gießen sieht heute um Klassen besser aus. Früher hast man, so die Sage, Darmstädter Architekturstudenten und angehende Stadtplaner nach Gießen gekarrt, um ihnen zu zeigen, wie man es nicht machen sollte. Die Sonnenblumenfraktion hat in der mittelhessischen Stadt einiges wieder verhübscht, was beim Wiederaufbau schief gelaufen ist. Aber was hier in Bebra nicht ist, kann ja

noch werden. Ich bin gerne bereit, in einer der Neuauflagen meines Reisebuchs positivere Töne anzuschlagen. Denn eigentlich sind Bebras Einwohner gesegnet mit einer hübschen Lage über dem Tal der Fulda. Bad Hersfeld, das ich wenig später erreiche, spielt in einer anderen Liga. In der größten romanischen Kirchenruine Europas finden jeden Sommer die weit über die Region hinaus bekannten Festspiele statt. Bereits sechs Jahre nach dem Krieg blühte in Hersfeld wieder die Hochkultur. Das ist schon erstaunlich. Es kommt kulturell noch besser. Das Lullusfest ist das älteste Volksfeste Deutschlands. Es erinnert an den Bonifatiusschüler Lull. Bereits dreißig Jahre nach dem Tod von Karl dem Großen begann man hier zu feiern. Wir Schlitzer können da nicht mithalten. Dafür ist unser Trachtenfest internationaler.

Den Rest der Strecke fahre ich manisch – die Badewanne wartet zu Hause. Bei Queck erlaube ich mir noch eine Pause, setze mich ins langsam vorbeiziehende Wasser der Fulda und beglückwünsche mich, dass ich bald fertig habe. Mit gekühltem Hinterteil fahre ich an Sandlofs vorbei, wo ich einen Teil meiner Jugend bei den Großeltern väterlicherseits verbrachte. Das Dorf ist winzig. Als ich jung war, konnte man dort auf der Dorfstraße noch Fußball spielen. Die Zeiten sind lange vorbei.

Als ich endlich Schlitz erreiche, ist das erste bekannte Gesicht ein Schulfreund. Mit seiner Sindelfinger Repräsentationskarosse verlässt er gerade seine Kanzlei. Ich winke zwar, aber sein Gesichtserkennungsraster ist nicht auf Streuner programmiert.

Ich bin zurück in der Heimat. Heimat ist, was man vermisst. Inzwischen war ich in vielen fernen Ländern – und ich muss mir eingestehen, dass es zu Hause am schönsten ist. Das klingt, wenn ich das so direkt sage, wie von der Schlitzer Tourismusbehörde bestellt. Wenn ich aber die kargen Hochebenen Anatoliens, die Wüsten Nordafrikas, den manchmal sehr kalten Wind auf meiner kargen Trauminsel Lanzarote und die nasskalten Wintern auf den Balearen mit dem Winters wie Sommers beeindruckenden Burgenblick vom elterlichen Balkon vergleiche, dann sage ich mir: gehe hin, nimm die schönen Bilder mit — aber komm zurück. Anderswo bin ich nur Gast.

Lange noch sitzen wir auf dem Balkon. Es ist ein lauer Sommerabend und wieder einmal denke ich:

„Ei dit it mei wäääihhh!"

Ein kurzer Streifzug durch die Geschichte Hessens unter besonderer Berücksichtigung der Schlitzerländer Historie

Der erste Hesse war ein Chatte. Davor gab es in der Mitte Europas nur Buchenwald, den einen oder anderen einsam wandernden Neandertaler und sehr viel später ein paar Kelten - auf dem Dünsberg bei Gießen zum Beispiel. Aber die Kelten hatten Hummeln unter dem Hintern. Richtig heimisch wurden sie in Hessen nie. Es zog sie in den Süden. Hier war es ihnen wohl zu kalt.

Die Chatten siedelten in den Tälern der Fulda, der Lahn und der Eder. So richtig gemütlich wird das Leben in den sumpfigen Tälern nicht gewesen sein. Seit den Savannen Ostafrikas lag ein langer Weg hinter ihresgleichen. Ein bisschen blass war der *homo sapiens* in den hunderttausend Jahren *Out-of-Afrika* geworden – ein Gendefekt. Daher braucht der moderne Chatte heute viel Sonnenschutzcreme, will er sich nicht den Pelz verbrennen.

Aufgetaucht ist die Vorhut der Chatten kurz vor der Zeitenwende im Lahntal. Damals waren sie noch ein unbedeutender Kleinstamm, der sich frösteln und mehr schlecht als recht durchs Leben schlug. Bald jedoch mischten sie sich ein in die große Politik. Sie hätten sich – wie die Ubier - mit den Römern zusammentun können. Die hatten immerhin Fußbodenheizung. Doch sie taten das Gegenteil. Im Jahr 9 n. Chr. metzelten sie gemeinsam mit Arminius die Armee des Varus nieder und wurden so Teil der Legende um den Gründungsmythos der Deutschen Nation, der sich in Heinrich Heines *Wintermärchen* so liest: *"Das ist der Teutoburger Wald, / Den Tacitus beschrieben, / Das ist der klassische Morast, / Wo Varus steckengeblieben. / Hier schlug ihn der Cheruskerfürst, / Der Hermann, der edle Recke, / Die deutsche Nationalität, / Die siegte in diesem Drecke."* Auch später blieben die Chatten bei der anti-römischen Koalition unter Führung der Cherusker. Sie hatten was dagegen, ihr gerade besiedeltes Land mit der antiken Weltmacht zu teilen und dafür auch noch Steuern zu zahlen. Eigentlich hatten die Römer im mittelhessischen Waldgirmes den Sitz der Provinzverwaltung für die besetzten Gebiete des rechtsrheinischen Germaniens geplant. Shit Happens. Nach der Varusschlacht war ihnen die Lust auf rechtsrheinische Gebiete vergangen.

Gegen Ende des 5. Jahrhunderts nisteten sich auf dem Siedlungsgebiet der Chatten die Erben der Römer ein: die Franken. Einer der ihren – Karl der Große - sollte sich wenige Jahrhunderte später sogar zum römischen Kaiser krönen lassen. Die Franken blieben und bauten nebenbei ihr christliches Abendland - mit dem Schwert. Unter Chlodwig I. wurden die Chatten endgültig in das fränkische Königreich eingegliedert. Ihr Gebiet diente den Franken anschließend als Ausgangsbasis für Feldzüge gegen die nördlich siedelnden Sachsen. Die Chatten haben sich jedoch nicht alles gefallen lassen. Die Behauptung einer gewissen Teilautonomie gegenüber den Franken führte dazu, dass sich ihr Stammesname bis heute im Landesnamen halten konnte – wenn auch in stark abgewandelter Form. Die linguistische Herleitung der Namenswandlung von *Chatten* zu *Hessen* verlief in mehreren Zwischenschritten: Chatti (ca. 100 n. Chr.) → Hatti → Hazzi → Hassi (um 700 n. Chr.) → Hessi (738 n. Chr.) → Hessen. Neben den Friesen sind die Chatten der einzige germanische Volksstamm, dessen Nachkommen noch heute auf dem historischen Territorium ansässig sind und ihren Namen behalten haben. Allerdings ist das Territorium Hessens seit der Erbteilung von 1567 bis zum Ende des zweiten Weltkrieges immer von mehr als einem Staat beherrscht worden. Zudem hat sich der Chatte im Hessen nach zweitausend Jahren arg verdünnt. Heute trägt der Hesse Namen wie Tarek Al-Wazir *(„Hier geboren, hier zuhause!")*.

Reset. Aus der Eingliederung in das fränkische Stammeskönigtum resultierte allerdings, dass aus dem Siedlungsgebiet der Chatten bzw. Hessen im Frühmittelalter kein eigenes Stammesherzogtum hervorging. Unter Oberherrschaft der bereits ab 498 zum Christentum übergetretenen Franken kamen schon früh irische Missionare, die mit der Christianisierung begannen und erste Stützpunkte aufbauten. Es wirkte bereits eine, in Konkurrenz zur Römischen Kirche stehende, iro-schottische Kirchenorganisation im hessischen und thüringischen Raum, als Bonifatius *(„Apostel der Deutschen")* hier ankam. Nachgewiesene Spuren und Zentren dieser vorbonifatischen Mission ab der ersten Hälfte des 7. Jahrhunderts finden sich unweit von Schlitz in Hersfeld, aber auch in Schotten, dem Giessener Becken und der Wetterau.

Mit der Kirchweihe im Jahr 812 tritt Schlitz zum ersten Mal in das grelle Licht der Geschichte. Durch die Christianisierung gelangte das Schlitzerland in die Herrschaft der Abtei Fulda. Dessen Abt setzte

adelige Vögte als Lehensleute ein – man kann nicht alles selber machen. Bereits kurz nach der Kirchweihe wird ein Gerlacus de Slitese erwähnt. Im 14. Jahrhundert brachte es das Geschlecht noch auf mehrere Linien. Die sind alle ausgestorben - bis auf eine: die Grafen von Schlitz genannt von Görtz. 1677 wurden sie zu Reichsfreiherren, 1726 zu Reichsgrafen ernannt. Das war schon was. Sie brachten eine Reihe bedeutender Persönlichkeiten hervor. Einer der ihren schaffte es sogar bis zum Ministerpräsidenten des Schwedenkönigs Karl XII. Seine Beliebtheit beim schwedischen Adel hielt sich jedoch in sehr engen Grenzen. Nach dem frühen Tod des Königs richteten ihn die Adeligen 1719 hin.

Im Mittelalter bauten die Schlitzer Grafen auf dem mächtigen Bergfried feste Burgen und im Tal an der Slitisa die Wasserburg Niederschlitz. Bereits im 14. Jahrhundert erhielt die Burgenstadt zwischen Knüll und Vogelsberg die Stadtrechte.

Die Unabhängigkeit von der fuldischen Fürstabtei leitete Junker Werner v. Schlitz ein. Er wendete sich 1546 den Ideen des Wittenberger Reformators Luther zu. Öffentlich wurde der Übertritt zum evangelischen Glauben jedoch erst 1612 unter Junker Wilhelm Baltasar v. Schlitz vollzogen. Die Herren des Schlitzerlandes beriefen sich dabei auf die *Augsburger Confession*. Die gab ihnen das Recht, über die Religion in ihrem Herrschaftsbereich zu bestimmen. Das ging jedoch den Herren der Fürstabtei Fulda gegen den Strich. Ausbaden musste die Bevölkerung den Streit. Heftig waren die Stürme, die während der Gegenreformation und dem 30jährigen Krieg über das Schlitzerland hinwegfegten.

Philipp der Großmütige – kein Schlitzer - machte Hessen in der Reformationszeit zu einer großen Nummer in der deutschen Geschichte. Zu diesem Zeitpunkt hatte das Territorium Hessen bereits durch Erbschaft nennenswerte Erweiterungen im Rhein-Main-Raum erfahren. Nach seinem Tod wurde Hessen 1567 gemäß den altertümlichen Erbregeln des Hauses im so genannten Vierbrüdervergleich in vier Fürstentümer geteilt. Damit versank es in der Bedeutungslosigkeit.

Reichs-Gesetz-Blatt.

16tes Stück. Ausgegeben Frankfurt a. M., den 28. April. **1849.**

Verfassung des deutschen Reiches.

Die deutsche verfassunggebende Nationalversammlung hat beschlossen, und verkündigt als Reichsverfassung:

Verfassung des deutschen Reiches.

Abschnitt I. Das Reich.

Artikel I.

§. 1.

Das deutsche Reich besteht aus dem Gebiete des bisherigen deutschen Bundes.

Die Festsetzung der Verhältnisse des Herzogthums Schleswig bleibt vorbehalten.

§. 2.

Hat ein deutsches Land mit einem nichtdeutschen Lande dasselbe Staatsoberhaupt, so soll das deutsche Land eine von dem nichtdeutschen Lande getrennte eigene Verfassung, Regierung und Verwaltung haben. In die Regierung und Verwaltung des deutschen Landes dürfen nur deutsche Staatsbürger berufen werden.

Die Reichsverfassung und Reichsgesetzgebung hat in einem solchen deutschen Lande dieselbe verbindliche Kraft, wie in den übrigen deutschen Ländern.

§. 3.

Hat ein deutsches Land mit einem nichtdeutschen Lande dasselbe Staatsoberhaupt, so muß dieses entweder in seinem deutschen Lande residiren, oder es muß auf verfassungs-

mäßigem

Aus der wechselvollen Geschichte Hessens sticht immer wieder Frankfurt hervor. Nach den karolingischen Reichsteilungen 843 war es die erste Hauptstadt ‚Deutschlands' – damals Ostfrankens. Bereits Karl der Große hatte sich an der *Franconofurt*, der *Furt der Franken* über den Main, einen Königshof errichten lassen. Sein frommer Sohn wählte Frankfurt zum Wohnsitz. Die Karriere Frankfurts ging danach weiter. Seit Friedrich Barbarossa hier 1152 zum König gewählt wurde, blieb Frankfurt die ständige Wahlstadt für die Königskür. Mit dieser politischen Bedeutung blühte sie zum zentralen mitteleuropäischen Handelsplatz auf. Seit 1240 werden in Frankfurt Messen veranstaltet. Die größte Buchmesse der Welt hat hier ihre Heimat. In der alten Messehalle finden inzwischen Kulturveranstaltungen statt. Gleich nebenan ist eines der größten Messezentren Europas entstanden. Sein Symbol ist der weithin sichtbare Messeturm.

Tausend Jahre, nach dem Karl der Fromme Frankfurt zu seiner Hauptstadt machte, hatte die Stadt erneut die Chance, in der deutschen Geschichte ganz groß rauszukommen. Das war im Revolutionsjahr 1848. Damals tagte die deutsche Nationalversammlung in Frankfurt. Deren Paulskirchenverfassung war allerdings ein Schuss in den Ofen - auch wenn sie mit ihrem Abdruck im Reichsgesetzblatt vom 28. April 1849 rechtskräftig wurde. Gegen den Widerstand des preußischen Königs und der übrigen Fürsten im Deutschen Bund konnte die konstitutionelle Monarchie nicht durchgesetzt werden. Friedrich Wilhelm lehnte die ihm angetragene Kaiserkrone mit den Worten ab: *„Die Krone ist erstlich keine Krone. Die Krone, die ein Hohenzoller nehmen dürfte, wenn die Umstände es möglich machen könnten, ist keine, die eine, wenn auch mit fürstlicher Zustimmung eingesetzte, aber in die revolutionäre Saat geschossene Versammlung macht, ... sondern eine, die den Stempel Gottes trägt, die den, dem sie aufgesetzt wird, nach der heiligen Ölung ‚von Gottes Gnaden' macht ...“*

Die Hoffnungen auf ein demokratisches Deutschland zerschlugen sich damit für lange Zeit. Noch waren die Demokraten zu schwach und die Fürsten zu stark. Am 31. Mai 1849 löste sich die Nationalversammlung auf. Damit war die erste Chance für eine Demokratie in Deutschland vergeben. Erst nach dem verlorenen Ersten Weltkrieg gab es eine neue Gelegenheit. Der Kaiser wurde abgedankt und verkroch sich bei den Holländern, die Republik ausgerufen. Allerdings zeigte sich bald, dass eine von oben verordnete Demokratie nicht funktionieren kann.

Mangels Kaiser wählte das Volk sich sehr bald einen bürgerlichen Führer. Adolf Nazi versprach, was Kaiser Wilhelm II. nicht einlöste. Und noch viel mehr. Ein mittelhessischer Justizbeamter hat über diese Zeit Tagebuch geführt. Akribisch weist er darin nach, dass jeder wissen konnte, was unter Hitler an der Front und im Reich passierte – von den Gaskammern bis zu den Massenhinrichtungen an der Front und im Hinterland.

Im März 1945 zogen amerikanische Truppen über die heutige Friedensbrücke in die Stadt ein und befreiten sie von Terrorherrschaft und Bombenkrieg. Das US-Hauptquartier wurde von Reims nach Frankfurt verlegt. In der Folge wurden Deutschland, Hessen und das Schlitzerland demokratisiert. Am 19. September 1945 vereinigte die amerikanische Militärregierung durch die Proklamation Nr. 2 die preußischen Provinzen Kurhessen und Nassau sowie den Volksstaat Hessen zum Land *Groß-Hessen* (später Hessen) unter Ausschluss der Gebiete im Westen, die Teil der französischen Besatzungszone geworden waren. Die Hessische Verfassung wurde von der Verfassungsberatenden Landesversammlung in Wiesbaden am 29. Oktober 1946 beschlossen. Sie trat am 1. Dezember 1946 durch Volksabstimmung in Kraft. Damit war sie die erste Nachkriegsverfassung Deutschlands.

Für die Unersättlichen:

Peter Assion: Von Hessen in die Neue Welt.
Frankfurt 1987

Dietwulf Baatz u. a.: Die Römer in Hessen.
Stuttgart 1989.

Gerd Bauer u. a.: Das Hessen-Lexikon.
Frankfurt 1999

Gerd Bauer: Die Geschichte Hessens.
Frankfurt 2002.

Gerd Bauer: Geheimnisvolles Hessen.
Fakten, Sagen und Magie. Marburg 1992.

Gerhard Beier: Arbeiterbewegung in Hessen - 1834-1984.
Insel Verlag, Frankfurt 1984.

Gerhard Beier: SPD Hessen - Chronik 1945 bis 1988.
Verlag J.H.W. Dietz Nachf. GmbH, Bonn 1989.

Hans Bohl: Schlitz und Schlitzerland – Juwel im Hessenland. Parzeller
& Co. Fulda 1983.

A. Brugger/H. Sarkowitz: Hessen – eine Landeskunde im Luftbild.
Stuttgart 1985.

Karl Ernst Demandt: Geschichte des Landes Hessen.
2. Auflage, Bärenreiter-Verlag, Kassel und Basel 1972.

M. Born: Siedlungsgang und Siedlungsformen in Hessen.
Hessisches Jahrbuch für Landesgeschichte. Wiesbaden 1972.

Bianca Döring: Hallo Mr. Zebra.
Dtv. München 1999.

Joschka Fischer: Regieren geht über Studieren.
Athenäum Verlag, Frankfurt 1987.

Eckhart G. Franz: Die Chronik Hessens.
Chronik-Verlag, Dortmund 1991.

Walter Heinemeyer: Das Werden Hessens.
Hrsg. Historische Kommission für Hessen, N.G.Elwert Verlag, Marburg 1986.

Eike Hennig (Hrsg): Hessen unterm Hakenkreuz.
Insel Verlag, Frankfurt 1983.

Hans Herder (Hrsg.): Hessisches Auswandererbuch.
Frankfurt 1983.

Fritz-Rudolf Herrmann, Albrecht Jockenhövel: Die Vorgeschichte Hessens.
Konrad Theiss Verlag, Stuttgart 1990.

Fredrik Hetmann: Georg B. oder Büchner lief zweimal von Gießen nach Offenbach und zurück.
Beltz und Gelberg. Weinheim und Basel 1981.

Florian Illies: Ortsgespräch.
Karl Blessing Verlag. München 2006.

Frank-Lothar Kroll: Hessen. Eine starke Geschichte.
Konrad Theiss Verlag, Stuttgart 2006.

Renate Liebenwein, Stefan Rothe: Kaiserpfalz und Wolkenkratzer.
(1200 Jahre) Kunst in Hessen. Königstein im Taunus. 2000.

Wolfgang Müller: Naturerlebnis Hessen.
Konrad Theiss Verlag. Stuttgart 2000.

Christoph Nix: Als hätten sie den Westerwald mit Olivenbäumen bepflanzt.
Erzählungen. Buntbuch-Verlag 1983.

Gudrun Pausewang: Etwas lässt sich doch bewirken.
Roman aus der Friedensbewegung. Otto Maier Verlag Ravensburg 1984.

Hermann-Josef Rapp (Hrsg.): Reinhardswald. Eine Kulturgeschichte.
Euregio, Kassel 2002.

Dr. Carola Runge/Dr. Stefan Schnell: Burgenstadt Schlitz.
Parzeller & Co. Fulda (Veröffentlichungsdatum unbekannt).

Hans Sarcowicz, Ulrich Sonnenschein (Hrsg): Die großen Hessen.
Insel Verlag, Frankfurt am Main / Leipzig 1996.

Heinrich Sippel: Ein Streifzug durch die Schlitzer Geschichte.
Schlitz 1987.

Uwe Schulz: Die Geschichte Hessens.
Konrad Theiss Verlag, Stuttgart 1983.

Christine Wittrock: Das Unrecht geht einher mit sicherem Schritt.
Materialien zur regionalen Faschismusgeschichte in Hessen. CoCon Verlag, Hanau.

Fotonachweis

Sofern nicht anders dokumentiert, liegt das Urheberrecht beim Autor Guido Block-Künzler. Auf Grund der schlechten Qualität meiner eigenen Bilder (aufgenommen mit einer uralten LEICA-Pocket), musste ich leider oft auf WIKIPEDIA-Bildmaterial zurückgreifen. Den Fotographen, die das Material ins Netz stellten, sei an dieser Stelle gedankt. Die Karten sind "Public Domain images for everybody" und ein Produkt des OSM-Projekts (OpenSteetMap – die freie Wikipedia-Weltkarte). Die Ausschnitte wurden generiert über www.maps-for-free.com.

Titelbild: Der Brunnen auf dem Schlitzer Marktplatz trägt die 1930 von einem Schlitzer Bürger gestiftete Figur des heiligen Georg – dem Schutzpatron der Leinweber (denen Schlitz seine ‚goldenen Zeiten' verdankt). Im Volksmund wird sie *Bornschorsch* genannt - für Nicht-Hessen: *„Der Georg vom Brunnen"*.

S. 10   Blick vom elterlichen Balkon auf die historische Innenstadt von Schlitz. Sie hat sich ein fast mittelalterliches Bild bewahrt. Leider passte der mächtige Bergfried der Hinterburg nicht mehr auf den Bildausschnitt. Auf dem Burgberg baute man eher in die Breite als in die Höhe. Damals dachte man dummerweise nicht an die Nöte der Fotografen.

S. 12   Der Königsplatz in Kassel auf einer Postkarte von 1905. © Das Bild ist gemeinfrei, da der Urheberrechtsschutz abgelaufen ist. Die Metropole Nordhessens hatte sich 1949 neben Bonn, Frankfurt am Main und Stuttgart als neue Hauptstadt beworben – Ausgang bekannt.

S. 14   Fuldaradweg kurz hinter Kassel.

S. 18   Ankunft von Kriegsheimkehrern Oktober 1955 im Lager Friedland. © Diese Datei ist unter der Creative Commons-Lizenz Namensnennung-Weitergabe unter gleichen Bedingungen 3.0 Deutschland lizenziert. Namensnennung: Bundesarchiv, B 145 Bild-F003028-0001 / CC-BY-SA.

S. 20   Zurück in Hessen! Stoppelfeld bei Witzenhausen.

S. 22   Meine Rettung vor der Hitze: Wassertretanlage vor Eschwege.

S. 24   Blick über Bad Sooden-Allendorf.

mich verliebt. © Diese Datei ist unter der Creative Commons-Lizenz Namensnennung-Weitergabe unter gleichen Bedingungen 3.0 Deutschland lizenziert.
Namensnennung: Freak-Line-Community.

S. 77 In Hanau sind die Brüder Grimm geboren. © Das Bild ist gemeinfrei, da der Urheberrechtsschutz abgelaufen ist.

S. 81 Auch an den Hängen des nördlichen Odenwalds bei Groß-Umstadt wird Wein angebaut.

S. 83 Das Michelstädter Fachwerkrathaus, das auf einer Briefmarke der Deutschen Post verewigt und in der ganzen Welt bekannt ist, wurde im Jahre 1484 im Stil der Spätgotik errichtet.
© Diese Datei ist unter der Creative Commons-Lizenz Namensnennung-Weitergabe unter gleichen Bedingungen 3.0 Deutschland lizenziert. Namensnennung: Berthold Werner.

S. 85 Fachwerkhaus in Weinheim an der Bergstraße.

S. 88 Kirche St. Aposteln in der Stadtmitte von Viernheim.
© Der Urheber gestattet jedermann jede Form der Nutzung, unter der Bedingung der angemessenen Nennung seiner Urheberschaft. Namensnennung: Rudolf Stricker.

S. 90 Das Naturschutzgebiet Kühkopf-Knoblochsaue ist das größte verbliebene Auengebiet des nördlichen Oberrheins. Der Kühkopf entstand aus einer Rheinschleife, die 1829 bei der Rheinbegradigung zur Insel wurde. Das Gebiet liegt im Hessischen Ried. © Diese Datei ist unter der Creative Commons-Lizenz Namensnennung-Weitergabe unter gleichen Bedingungen 3.0 Deutschland lizenziert. Namensnennung: pedelecs at wikipedia.de.

S. 95 Wiesbaden (rechts) und Mainz (links). Unten im Bild die Mündung des Mains in den Rhein. © Diese Datei ist unter der Creative Commons-Lizenz Namensnennung-Weitergabe unter gleichen Bedingungen 3.0 Deutschland lizenziert. Namensnennung: AmtingJ.

S. 101 Innenstadt von Idstein. © Diese Datei ist unter der Creative Commons-Lizenz Namensnennung-Weitergabe unter gleichen Bedingungen 3.0 Deutschland lizenziert. Namensnennung: Gregor Helms.

S. 104 Im Bereich der Lubentiuskirche in Dietkirchen/Limburg haben

Archäologen Spuren entdeckt, die auf eine Kultstätte aus der Kupfersteinzeit (2000 bis 4000 v. Chr.) hindeuten.

© Diese Datei ist unter der Creative Commons-Lizenz Namensnennung-Weitergabe unter gleichen Bedingungen 3.0 Deutschland lizenziert. Namensnennung: Luri.

Historisches Photo der Getreideernte im Westerwald.

© Diese Datei ist unter der Creative Commons-Lizenz Namensnennung-Weitergabe unter gleichen Bedingungen 3.0 Deutschland lizenziert. Namensnennung: Bundesarchiv, B 145 Bild-F005922-0001 / CC-BY-SA.

Knoten im Westerwald.

© Diese Datei ist unter der Creative Commons-Lizenz Namensnennung-Weitergabe unter gleichen Bedingungen 3.0 Deutschland lizenziert.

Der Wilhelmsturm auf dem Schlossberg in Dillenburg. Links ist die evangelische Stadtkirche aus dem Jahre 1491 zu sehen.

© Diese Datei ist unter der Creative Commons-Lizenz Namensnennung-Weitergabe unter gleichen Bedingungen 3.0 Deutschland lizenziert. Namensnennung: Oliver Abels.

Liebfrauenkirche in Frankenberg an der Eder.

© Diese Datei ist unter der Creative Commons-Lizenz Namensnennung-Weitergabe unter gleichen Bedingungen 3.0 Deutschland lizenziert. Namensnennung: Dr. Volkmar Rudolf.

Fuldaradweg in Melsungen.

Blick von Opa Bretthauers Garten am Heidberg in Schlitz Richtung Vogelsberg.

Alle zwei Jahre am zweiten Juliwochenende feiern die Schlitzer Nachkommen der Chatten mit dem Rest der Welt ihr Internationales Trachtenfest (*„Die Welt zu Gast bei Freunden!"*). Infos unter www.trachtenfest.org.

Die Schlitzer Kirche ist eines der ältesten Gotteshäuser Oberhessens. Reste der vom Fuldaer Abt Ratgar 812 erbauten Kirche finden sich noch in den Grundmauern. Ursprünglich befand sich hier eine germanische Kultstätte der Göttin Freya. Die wurde in Hessen und Thüringen auch als „Frau Holle" verehrt.

Paulskirche in Frankfurt. © Das Bild ist gemeinfrei, da der

Urheberechtsschutz abgelaufen ist.

S. 129 Faksimile des Originals der Paulskirchenverfassung. © Das Bild ist gemeinfrei, da der Urheberechtsschutz abgelaufen ist.

S. 131 Die Messehalle Frankfurt von 1909 (heute „Festhalle Frankfurt") mit dem 257 Meter hohen MesseTurm von Helmut Jahn. Stilistisch folgt er amerikanischen Hochhausprojekten des Art Déco in moderner Interpretation. Inzwischen ist er zum weithin Sichtbaren Wahrzeichen Frankfurts geworden.

S. 133 Schlitz. Blick auf die Altstadt im Winter. Links im Bild die *„größte Adventskerze der Welt".*

In eigener Sache

Ich weiß, dass bei meinem Humor viele nicht mitkommen.
Heinz Strunk („Fleisch ist mein Gemüse")

Ein Reisebericht ist immer subjektiv – so die wichtigste Spielregel des Genres. Ob der Leser und die Leserin die Sichtweise des Autors teilen, ist ihre Sache. Sie sollten jedoch Reiseberichte nicht mit Lobpreisungen verwechseln. Der Reiseberichtsautor ist kein Angestellter der örtlichen Tourismusbüros.

Dieses Buch richtet sich an den empfindsamen Reisenden, der auch hinter den schönen Schein blicken will, ohne die Lust am Reisen zu verlieren. Und das macht jenseits verbauter Landschaften immer noch viel Spaß. Die Pragmatiker unter ihnen finden Hinweise auf *no go areas*, die sich empfindsame Gemüter schenken sollten.

Ansonsten gilt: Alle in diesem Buch enthaltenen Angaben wurden von mir nach bestem Wissen erstellt. Gleichwohl sind inhaltliche Fehler nicht auszuschließen. Korrekturhinweise und Anregungen greife ich gerne in der nächsten Auflage auf.

Meine Adresse:
Edition Block-Künzler Outdoor-Reiseberichte
TIG – Technologie- und Innovationszentrum Gießen
Kerkrader Straße 9, D-35394 Gießen
admin@outdoor-reiseberichte.info
www.outdoor-reiseberichte.info
Besuchen Sie mich auch bei *facebook*!

Buchvorschau

Einmal Heidelberg und zurück
- mit dem Rad rund um Baden-Württemberg
ISBN 9783842362284

Einmal Palma und zurück
- zu Fuß rund um Mallorca
ISBN 9783842362239

Einmal Corralejo und zurück
- zu Fuß rund um Fuerteventura
ISBN 9783842362420

Einmal Rügen und zurück
- mit dem Rad rund um Mecklenburg-Vorpommern

Einmal Larnaca und zurück
- zu Fuß rund um Zypern

Einmal Gießen und zurück
- mit dem Rad rund um Mittelhessen

Bereits erschienen

Einmal Aachen und zurück
- mit dem Rad rund um Nordrhein-Westfalen
ISBN 9783839189337

Einmal Eivissa und zurück
- zu Fuß rund um Ibiza
ISBN 9783839182000

Einmal Playa Quemada
- zu Fuß rund um Lanzarote
ISBN 9783842362116

Bestellbar bei Ihrem Buchhändler oder über den Internetbuchhandel.
Aktuelle Infos finden Sie auf
www.outdoor-reiseberichte.info